XUE KE XUE MEI LI DA TAN SUO

学科学魅力大探索

科技历史跟踪

台运真 编著　丛书主编 周丽霞

地理：与地球一起共舞

汕头大学出版社

图书在版编目（CIP）数据

地理：与地球一起共舞 / 台运真编著. -- 汕头：
汕头大学出版社，2015.3（2020.1重印）
（学科学魅力大探索 / 周丽霞主编）
ISBN 978-7-5658-1714-4

Ⅰ. ①地… Ⅱ. ①台… Ⅲ. ①历史地理—世界—青少
年读物 Ⅳ. ①K916-49

中国版本图书馆CIP数据核字(2015)第028178号

地理：与地球一起共舞　　　　DILI：YU DIQIU YIQI GONGWU

编　　著：台运真
丛书主编：周丽霞
责任编辑：胡开祥
封面设计：大华文苑
责任技编：黄东生
出版发行：汕头大学出版社
　　　　　广东省汕头市大学路243号汕头大学校园内　邮政编码：515063
电　　话：0754-82904613
印　　刷：三河市燕春印务有限公司
开　　本：700mm×1000mm 1/16
印　　张：7
字　　数：50千字
版　　次：2015年3月第1版
印　　次：2020年1月第2次印刷
定　　价：29.80元
ISBN 978-7-5658-1714-4

前　言

　　科学是人类进步的第一推动力，而科学知识的学习则是实现这一推动的必由之路。在新的时代，社会的进步、科技的发展、人们生活水平的不断提高，为我们青少年的科学素质培养提供了新的契机。抓住这个契机，大力推广科学知识，传播科学精神，提高青少年的科学水平，是我们全社会的重要课题。

　　科学教育与学习，能够让广大青少年树立这样一个牢固的信念：科学总是在寻求、发现和了解世界的新现象，研究和掌握新规律，它是创造性的，它又是在不懈地追求真理，需要我们不断地努力探索。在未知的及已知的领域重新发现，才能创造崭新的天地，才能不断推进人类文明向前发展，才能从必然王国走向自由王国。

　　但是，我们生存世界的奥秘，几乎是无穷无尽，从太空到地球，从宇宙到海洋，真是无奇不有，怪事迭起，奥妙无穷，神秘莫测，许许多多的难解之谜简直不可思议，使我们对自己的生命现象和生存环境捉摸不透。破解这些谜团，有助于我们人类社会向更高层次不断迈进。

其实，宇宙世界的丰富多彩与无限魅力就在于那许许多多的难解之谜，使我们不得不密切关注和发出疑问。我们总是不断去认识它、探索它。虽然今天科学技术的发展日新月异，达到了很高程度，但对于那些奥秘还是难以圆满解答。尽管经过许许多多科学先驱不断奋斗，一个个奥秘不断解开，并推进了科学技术大发展，但随之又发现了许多新的奥秘，又不得不向新的问题发起挑战。

宇宙世界是无限的，科学探索也是无限的，我们只有不断拓展更加广阔的生存空间，破解更多奥秘现象，才能使之造福于我们人类，人类社会才能不断获得发展。

为了普及科学知识，激励广大青少年认识和探索宇宙世界的无穷奥妙，根据最新研究成果，特别编辑了这套《学科学魅力大探索》，主要包括真相研究、破译密码、科学成果、科技历史、地理发现等内容，具有很强系统性、科学性、可读性和新奇性。

本套作品知识全面、内容精炼、图文并茂，形象生动，能够培养我们的科学兴趣和爱好，达到普及科学知识的目的，具有很强的可读性、启发性和知识性，是我们广大青少年读者了解科技、增长知识、开阔视野、提高素质、激发探索和启迪智慧的良好科普读物。

目 录

张骞探险开辟对外新路

汉代时将甘肃至玉门关和阳关以西，包括新疆和葱岭以西地区称为"西域"。西汉时期由张骞首次打通通往西域的路线，成为了后来名扬世界的"丝绸之路"。

丝绸之路的地理环境异常险恶，然而我们的先民并没有因为不利的地理条件而将之视为畏途，而是通过张骞的"凿空之旅"和后继者的进一步探索，使之成为连接西域及中亚、西亚以至南欧的国际通道。

汉代4个朝代，都对西域的游牧民族采取和亲政策。汉武帝时，国力充沛，极欲讨伐北方的匈奴，并雪数十年来与西域和亲的耻辱。汉武帝为实行东西夹击匈奴的战略，

先后两次派张骞出使西域。

公元前139年，张骞率领100余人从陇西出发，向西域进发。在西行途中，被匈奴俘获，被扣留10年。后来匈奴内乱，得机脱身，西至大宛。

当时大月氏已臣服于匈奴，没有复仇之意，所以不愿和汉朝结盟，张骞居岁余而归。在归途中经过羌中，又被匈奴俘获，扣留了一年多，其后张骞乘匈奴内乱回到长安。

公元前119年，匈奴被汉军打败，汉武帝命张骞再次出使西域。

张骞率使团300人，带着金银、玉帛至乌孙，想说服乌孙与汉结盟，借此牵制匈奴。但因乌孙不知汉朝虚实，又臣服匈奴已久，所以不敢与匈奴为敌。

后来乌孙使臣随同张骞回国，乌孙使臣目睹汉朝殷实，遂与汉朝结盟。后来西域各国纷纷派遣使者陆续来到汉都长安。

张骞出使西域所经过的路线，主要是我国和欧洲之间的亚洲内陆地区。在这条路线上，地理特征是气候异常干燥，降雨量极其稀少。其间有号称"世界屋脊"的帕米尔高原，以帕米尔高原为中心，向四周延续出喜马拉雅山、昆仑山、喀喇昆仑山、天山、阿尔泰山、阿赖山、兴都库什山等山脉，冰峰峡谷，行走艰难。

这条路线的另一富有特色的地貌和景观是沙漠和戈壁。如新疆的塔克拉玛干大沙漠、里海东部的卡拉库姆沙漠、伊朗的卡维尔沙漠等，对于行旅来说，更是一段干渴难行的艰苦旅程。

此外，由盐壳沉积而形成的崎岖起伏、犬牙交错的雅丹地貌，也是一个重要的地理障碍。

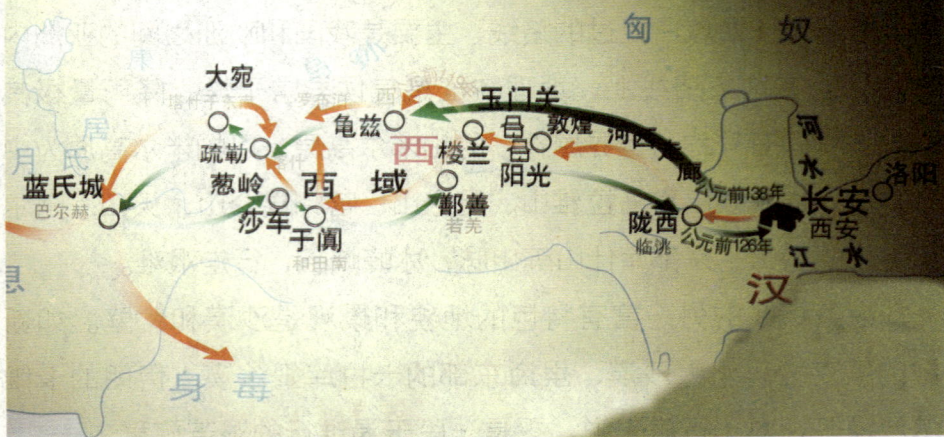

张骞出使西域路线图

唐代诗人杨师道在《陇头水》中所描写的"映雪峰犹暗，乘冰马屡惊"，还有唐代诗人岑参在《过酒泉忆杜陵别业》中所描写的"黄沙西际海，白草北连天"，正是这些地理景观的生动写照。

而唐代西行取经僧人玄奘在《大慈恩寺三藏法师传》所描写的"上无飞鸟，下无走兽，复无水草"，则是亲履其地的感受。

面对这样的地理环境，张骞先后两次出使西域，勇敢面对艰险，表现出了超人的智慧和胆识。

在张骞留居匈奴期间，西域的形势发生了变化。张骞脱身之后，带领大汉使团经车师时没有向西北伊犁河流域进发，而是折向西南，进入焉耆，再沿塔里木河西行，过库车、疏勒等地，翻越葱岭，直达大宛。

这是一次极为艰苦的行军。

大戈壁滩上，飞沙走石，热浪滚滚；葱岭高如屋脊，冰雪皑皑，寒风刺骨。沿途人烟稀少，水源奇缺。加之匆匆出行，物资准备又不足。张骞一行，风餐露宿，备尝艰辛。干粮吃尽了，就靠擅长狩猎的堂邑父射杀禽兽用以充饥。不少随从或因饥渴倒毙途中，或葬身黄沙、冰窟献出了生命。

张骞第一次出使西域，既是一次极为艰险的外交旅行，同时也是一次卓有成效的科学考察。他对广阔的西域进行了实地的调查研究工作，不仅亲自访问了地处新疆的各小国和中亚的大宛、康居、大月氏和大夏诸国，而且从这些地方又初步了解到乌孙、奄蔡、安息、条支、身毒等国的许多情况。

返回长安后，张骞将其见闻向汉武帝作了详细报告，对乌孙、安息、印度等中亚、西亚诸国的位置、特产、人口、城市、兵力等，都作了说明。

这些基本内容在西汉史学家司马迁《史记·大宛传》中记录了下来，这是我国和世界上对这些地区第一次最翔实可靠的记载，至今仍是研究上述地区和国家的地理和历史的最珍贵的资料。

张骞第二次出使西域时，曾经分遣副使持节到了大宛、康居、月氏、大夏等国。此后，汉代朝廷派出的使者沿着张骞开辟

的路线出使安息、身毒、奄蔡、条支、犁轩等国家。

我国使者还曾经受到安息专门组织的两万人的盛大欢迎，安息等国的使者也不断来长安访问和贸易。

张骞通使西域，使汉朝的影响直达葱岭东西。

后来，东汉的班超再度西行，正是沿着张骞的足迹走出了誉满全球的"丝绸之路"。自此，不仅打通了中原与西域的交通要道，而且我国同中亚、西亚、南欧各国的直接交往也密切起来。

汉通西域，虽然起初是出于军事目的，但西域开通以后，它的影响远远超出了军事范围。张骞具有地理探险意义的"凿空"之功，名垂青史。

延 伸 阅 读

张骞在第一次出使西域穿过河西走廊时，被匈奴的骑兵队抓获，并被送到匈奴王庭见军臣单于。匈奴单于为打消其出使月氏的念头，进行了种种威逼利诱，但张骞始终没有忘记汉武帝交给自己的神圣使命，后来趁敌人的监视有所松弛，终于逃出了匈奴王庭。

法显西行带回地理见闻

　　东晋时期曾出现了一位著名的地理学家，他就是晋僧法显。他是我国古代历史上著名的旅行家、地理考察家、翻译家、著作家，在我国佛教史、留学史和旅行史上都占有非常重要的地位。

　　法显于公元399年从长安出发，渡沙漠，越昆仑，到中亚，再向东南，途经当时西域和中亚诸国。他这次西行历时15年，归国后写出了流传至今的《佛国记》，对我国佛教以及中外文化交流作出了重大贡献。

　　法显俗姓龚，3岁出家。

　　公元399年，60多岁高龄的法显，约同慧景、道整、慧应、慧嵬等人，由长安出发，取道河西走廊，行到张掖。适逢张掖大乱，道

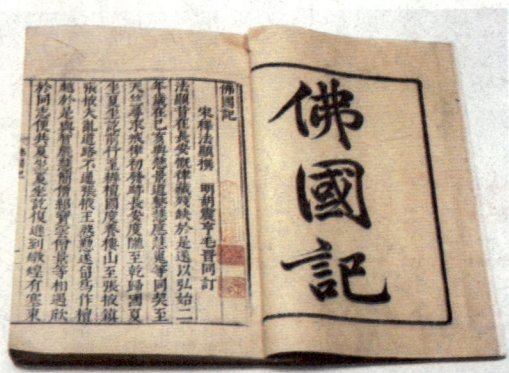

路不通，张掖王殷勤挽留，竭诚护持供养他，因而在此结夏安居。

在张掖期间，一行人又加入了智严、慧简、僧绍、宝云、僧景等人，彼此结伴，向西前进至敦煌。

敦煌位于河西走廊的最西端，一出敦煌，就是一片广阔无垠的沙漠，幸而当时有太守李浩供给横渡沙漠的干粮和饮用水，法显等人于是与智严、宝云等分别随使先行。

沙漠之中，气候酷热，多恶风，沿途所经，上无飞鸟，下无走兽，遍目所及，茫然一片，只凭偶尔见到的枯骨为标志。

在杳无人烟的沙漠中横渡，艰难困苦可想而知，法显等人走了一个多月后，终于到达于阗国。此地物产丰饶，人民信仰大乘佛法，法显等人因而受到优厚的礼遇。

不久，慧景、道整随着慧达先行出发前往竭叉国，法显等人则滞留在于阗国3个月，主要是为了观看从4月1日至14日的行像盛会。结束后，僧绍独自一人随胡僧到罽宾，法显等人则经子合国，南行入葱岭，到达麾国过夏。

其后，法显等人再翻山越岭，经过了25天，到达与印度接境的竭叉国，与慧景等人会合，并参加国王举行的5年大施会。

公元402年，法显等人向北印度前进，越过葱岭。途中地势险要，又经年飘雪，当地人称为"雪山"。

到北印度境内的阮历国后，一行人又沿着葱岭向西南行，山路崎岖，千仞石壁，万丈绝崖。法显等人战战兢兢地攀过了700多座简陋艰险的梯道，踏踩绳桥，越印度河，到达乌苌国，在此宿营安居。

然后南下，历宿呵多国、犍陀卫国、竺刹尸罗国，到弗楼沙国。其间，僧景、宝云随慧达回国，慧应在此病故。法显独自前往那竭国，与慧景、道整会和，并在这里度过寒冷的冬天。

公元405年，法显再回到巴连弗邑，广为搜求经律。当时的北印度诸国皆用口传，并无经本可抄写，因此法显再到中印度，在城邑的摩诃僧伽蓝取得《摩诃僧只律》。

法显取经路线图

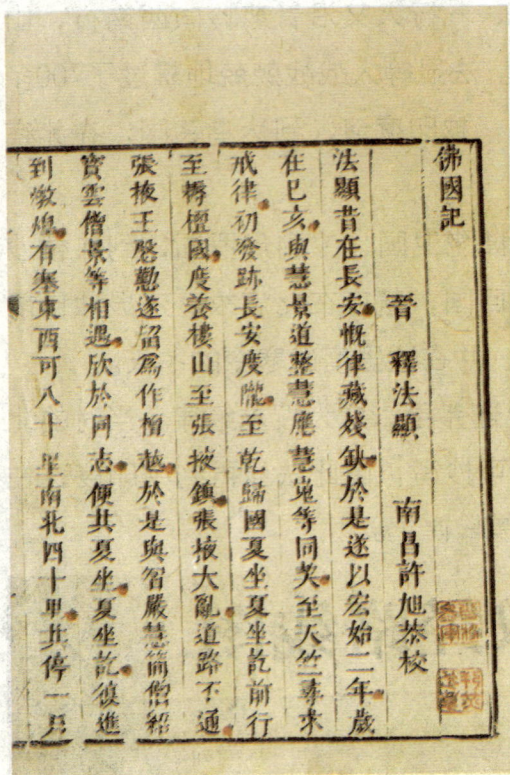

据说，这就是后来只洹精舍所传的律本，18部律由其衍生而出，是佛陀在世时大众所共同奉行的法规。

此外，他又得到《萨婆多部钞律》7000偈、《杂阿毗昙心论》6000偈、《綖经》2500偈、《方等般泥洹经》5000偈及《摩诃僧只阿毗昙论》。

法显在印度停留期间，用心学习梵文与梵语、抄写经律，达成他入印度求律的目的与愿望。

同行的道整，远来印度的本意虽然是在求得戒律，但目睹僧团的法则及众僧的威仪严正，深受感动，因而决心留住于此。法显则坚持要从把戒律流通到汉土为目的，因此独自一人回国。

法显沿着恒河东下，经瞻波国，于公元408年到达东印度的印多摩利帝国，停留两年之后，法显前往狮子国。在狮子国停留两年，得到《弥沙塞律》《长阿含经》《杂阿含经》《杂藏》等梵本各一部。

公元411年，法显搭乘载有200余人的商船泛海东行归国，遇风漂泊9天至耶婆提国，在此住了5个月。

公元412年，法显再搭乘贸易商船，航向广州，又遇暴风，经80余天，才到达长广郡界的崂山。法显登陆后，青州太守李嶷遣使迎请法显到郡城，热忱款待，法显在此住了一冬一夏。

法显从长安出发时，已经是耳顺之年，一路西行，经6年到达印度中部，停留6年，归程经狮子国等地，又经历3年才回到青州，前后已经过了15年，游历30国。

公元413年，法显到京都建康，在道场寺与佛驮跋陀罗从事翻译，前后译出《摩诃僧只律》40卷、《僧只比丘戒本》1卷、《僧尼戒本》1卷、《大般泥洹经》6卷、《杂藏经》、《杂阿毗昙心论》等，共计百万余言。

法显凭借自己15年的旅途见闻和思考，在归国后写成了《佛国记》一书。此书以优美简洁的文字记述了中亚和印度等地的地理、风俗人情、历史、佛教等情况。其中有许多关于当时域外地理的新认识、新记录。如有关于阗、葱岭至北印度一带的地理描述。法显在《佛国记》中，还比较详细地记述了帕米尔高原及印度河上游地区的地理形势、河流、物产等情况。

再如关于锡兰岛的认识和记述，《佛国记》准确描述了锡兰岛与周围的岛屿分

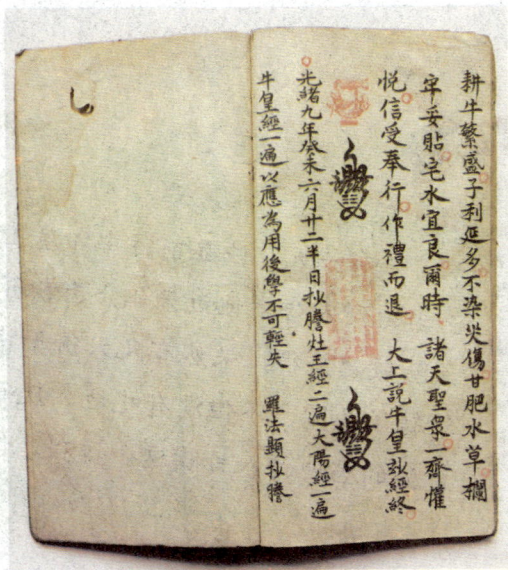

布，以及岛上的气候特点、景观状况和农业生产习俗，给人以清晰的热带国家印象。

关于印度河流域的地形大势，法显也有认识和记述，他写道："新头河，两岸皆平地。"又说："自新头河至南天竺印度南部，迄于南海，四五万里，皆平坦无大山川。"

不过，这里的四五万里显然有些夸大，"无大山川"也不尽符合事实。

但无论如何，法显的这次旅行和带回的地理见闻，丰富了当时我国对中亚和南亚地区的地理认识。尤其是保存至今的《佛国记》，更是我国乃至世界上最古老的游记之一。

延 伸 阅 读

有一天，法显前往中印度王舍城附近一个山寺拜谒，当地僧人告诉他近来山上有狮子经常吃人。但法显不畏艰险毅然前往，果然有几只狮子将他围住。不料狮子围住他转了两圈，不但没有吃他，反而伏卧在法显跟前。陪同法显的当地僧人目睹这个过程，俱皆惊奇。

长春真人古道西行记

　　"长春真人"是全真道掌教人丘处机的道号。他曾受成吉思汗邀请赴西域相见，率领门徒18人启程，历经磨难，最终得以面劝成吉思汗体恤百姓。

　　李志常为随行弟子之一，《长春真人西游记》为其所撰。这部作品以记述所经山川道里及沿途所见风俗人情为主，兼及丘处机生平，是研究13世纪漠北、西域及全真道历史的重要资料。

　　丘处机是金代末期全真道领袖，是著名的政治家、文学家、思想家、养生学家和医药学家。在道教历史和信仰中，被奉为龙门派的祖师。

　　早在成吉思汗西征途时，听随行的中原人介绍丘处机法术超人，便遣使相召。

　　公元1220年秋，丘处机率弟子从山东莱州动身，经宣化，越野狐岭，东北行至呼伦贝尔；再沿怯绿连河西行，穿越蒙古高原、金山，下经别十八里、昌八里、阿力麻里、塔剌思河、塞蓝、霍阐没辇、撒马尔罕、碣石，越阿姆河而南。

　　公元1222年初夏在大雪山与成吉思汗会见。

　　丘处机向成吉思汗进言"敬天爱民为本""清心寡欲为

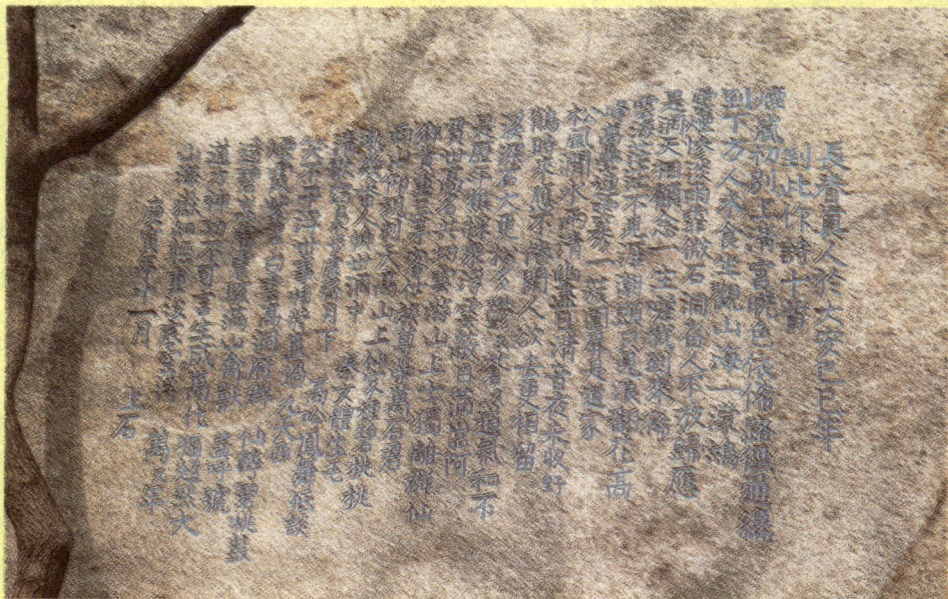

要"。成吉思汗对他的话很赞赏，不唤其姓名，只称呼"神仙"，并命左右人员把他的话记录下来，以此教育几个儿子。

后人评说丘处机有"一言止杀"之功。至公元1223年春，丘处机已在成吉思汗身边待了一个年头。由于不适应高原气候，加上思念故土，丘处机决定东归。3月，成吉思汗依依不舍地与丘处机辞别，并赐给他许多金银财宝，却遭到谢绝。于是，成吉思汗下诏免除全真教徒的赋税，并派人率骑兵5000人护送他返乡。

后来，成吉思汗又赐给丘处机虎符和玺书，并诏命燕京行省将原金代的御花园赏给全真教建造宫观。玺书内容就是现存于河南省内乡县石堂山普济宫《成吉思皇帝赐丘神仙手诏碣》的碑文。

自此以后，丘处机得以弘扬全真教、广建道观，掌管天下道教，取得了相当于蒙古国国师的地位。凭着虎符玺书，丘处机还解救了大批中原人，使两三万被蒙古掠夺为奴的人重获自由。

丘处机的万里之行，横越亚洲腹地。在西行途中，一行人时常要受到沙尘暴、流沙的袭扰。艰难的时候，车子陷到流沙里，马儿停滞不前，人想挪动一步都很困难。

丘处机随行弟子之一李志常撰写的《长春真人西游记》详细记录了一路的见闻。就此而言，丘处机堪称唐玄奘西游之后的又一位古代旅行家。

在地理学方面，丘处机的西行具有重要的科学价值。

首先，其旅行路线是沿着蒙古高原经新疆进入中亚地区，大部分线路是过去中原人所未到过的。

就《长春真人西游记》所描绘的具体地理线路而言，也有别于《法显传》和《大唐西域记》。因此，《长春真人西游记》的地理学价值就弥足珍贵。

其次，《长春真人西游记》以精练的笔触描述了13世纪蒙古高原、西域及中亚一带的自然景观，包括沿途数万里经过的高山、峡谷、河流、湖泊、沙漠、森林、绿洲的气候植被、地质地貌，为后人留下了极为难得的自然地理学资料。

例如，在东北经过盖里泊(今伊克勒湖)盐碱地，途径5天出明昌界，又行六七天入蒙古境内大沙漠，"东北行千里外无沙处，绝无树木"，而且人烟稀少，清明时节，还有凝冰未化。

关于阿尔泰山附近的大峡谷的地理状况，"其山高大，深谷长，板车不可行"。

在穿越阴山最为难行的一段山路时，《长春真人西游记》仔细描写了当地的地形地貌状况：

渡河而南前经小山，石杂五色，其旁草木不生，首尾七十里，复有二红山当路。又三十里盐碱地中有一小沙井,因驻程。挹水为食,傍有青草,多为羊马贱履。

经过赛里木湖时,《长春真人西游记》这样描写道:

晨起西南行约二十里,忽有大池,方圆二百里,雪峰环之,倒映池中,师名之曰天池。沿池正南下,左右峰峦峭拔,松桦阴森,高逾百尺,自巅及麓,何啻万株,众流入峡,奔腾汹涌,曲折湾环可六七十里。

准确形象地将赛里木湖的地理位置、面积及周围山势水流走向记录下来。

《长春真人西游记》对所经过的蒙古中部长松岭山地森林的分布特点也有很准确的概括,指出其森林分布限于北坡。

对中亚大石林牙地区的地理气候特点也做了分析对比:

此地其风土气候与金山以北不同,平地颇多,以农桑为务,酿葡萄为酒,果实

与中国同。唯经夏无雨，皆疏河灌溉百谷。

《长春真人西游记》还将丘处机西行途中所遇的一些自然现象如日食等记录了下来。沿克鲁伦河南岸西行时，就记录了5月初的一次日食现象。

五月朔亭午，日有食之，既，众星乃见，须臾复明，时在河南岸。

后来在邪米思干大城，丘处机路遇一算历者，丘处机还与他讨论起旅行途中所见的日食的原因。说明丘处机在旅行中已经注意到各地的时差问题。

最后，《长春真人西游记》中还详细记载了大量的人文地理信息，诸如沿途城乡的居民人口、民风民俗、宗教信仰、建筑、手工业生产状况等，有助于我们了解13世纪西域和中亚的人文地理及其变迁情况。

比如丘处机一行至贝加尔湖地区，关于这一地方的地理状况和风土人情，《长春真人西游记》有详细记述：

凝水始泮，草微明矣……其地凉而暮热，草多黄花，水流东北，两岸多高柳，蒙古人取之以造庐。

书中对中亚细亚各城市建筑、人口、行业的描写十分生动。

如对乌兹别克共和国境内撒马尔干有详尽的记述，其中有关城市建筑、器物制度、民风民俗的记录都是研究13世纪中亚地区历史、人文地理和中西交通的珍贵文献史料。

《长春真人西游记》的地理学价值远不止上述3个方面，其他诸如地质、气象、水文、物种、矿产方面的记录也屡见不鲜。如古代中亚地区是棉花的原产地，书中就记载了阿里马城种植棉花的情况，有助于我们了解棉花种植的历史。

《长春真人西游记》记载详明，对于研究我国西北、中亚的历史地理和自然地理有不可替代的地理学价值。清代学者曾经对《长春真人西游记》中的地理气象记录进行过考证。

丘处机本人因此也以地理学家的身份入载《中国古代科学家传记》一书中，成为地理学界公认的道教地理学家。

延 伸 阅 读

一次，成吉思汗打猎射杀一只野猪时突然马失前蹄，可野猪却不敢扑向成吉思汗。丘处机便劝谏成吉思汗少打猎，不要伤害生灵。后来，丘处机还多次劝导他治理天下要以"敬天爱民"为本，应体恤百姓疾苦，保护黎民生命财产安全。

马可·波罗的东方游记

　　《马可·波罗游记》在13世纪末问世后，人们为其新奇可喜所动争相传阅和翻印，成为当时很受欢迎的读物，被称为"世界一大奇书"，影响非常巨大。

　　《马可·波罗游记》打开了中古时期欧洲人的地理视野，在他们面前展示了一片宽阔而富饶的土地和一个古老的国家，引起了他们对于东方的向往，也有助于欧洲人冲破中世纪的黑暗，走向近代文明。

　　马可·波罗出生于意大利威尼斯的一个商人家庭。他小时候，父亲和叔叔就到东方经商，来到元大都，并朝见过蒙古帝国的忽必烈大汗，带回了大汗给罗马教皇的信。父亲和叔叔回家后，跟小马可·波罗讲述了这些在东方旅行的故事，激起了他的好奇心，使他

下决心要到东方去。

公元1271年，马可·波罗17岁时，父亲和叔叔拿着教皇的回信和礼品，带着马可·波罗及10多位旅伴一起向东方进发了。

他们从威尼斯进入地中海，然后横渡黑海，经过两河流域来到中东的古城巴格达，从这里到波斯湾的出海口霍尔木兹，就可以乘船直驶中国了。

可是，意外的事情发生了：他们在一个小镇上买东西时，被强盗盯上了。这伙强盗趁他们睡觉时抓住了他们，并把他们关押起来。

半夜里，马可·波罗和父亲逃了出来。当他们找来救兵时，强盗早已溜走了，除了叔叔外，别的旅伴不知去向。

马可·波罗和父亲、叔叔来到霍尔木兹，一直等了两个月，也没遇上去中国的船只，只好改走陆路。

这是一条充满艰难险阻的路。他们从霍尔木兹向东，越过荒凉恐怖的伊朗沙漠，跨过险峻寒冷的帕米尔高原。一路上跋山涉水，克服了饥渴和疾病的困扰，躲开了强盗、猛兽的侵袭，终于来到了中国的新疆。

一到新疆，马可·波罗就被吸引住了：美丽繁华的喀什，盛产美玉的和田，还有花香扑鼻的果园……

马可·波罗同父亲、叔叔继续向东，穿过塔克拉玛干沙漠，来到古城敦煌，瞻仰了举世闻名的佛像雕塑和壁画。接着，他们经玉门关看到了万里长城。最后穿过河西走廊，终于到达元北部都城上都。

这时，距他们离开祖国已经过去4个寒暑了。

马可·波罗的父亲和叔叔向忽必烈大汗呈上了教皇的信件和礼物，并向大汗介绍了马可·波罗。

忽必烈非常赏识年轻聪明的马可·波罗，特意请他们进宫讲述沿途的所见所闻，并和他们同返大都，后来还留他们在朝中当官任职。

聪明的马可·波罗很快学会了蒙古语和汉语。他奉大汗之命，巡视各地，走遍了华夏大地的山山水水，辽阔的土地和富饶的物产让他惊奇不已。

马可·波罗先后到过新疆、甘肃、内蒙古、山西、陕西、四川、云南、山东、江苏、浙江、福建北京等50多个省市。其间，他在扬州做过3年地方官，又奉命出使外国，到过越南、缅甸、印

尼等地。

　　每到一处，他总要详细考察当地的风俗、地理、人情。回到大都后，再向忽必烈大汗作了详细汇报。

　　公元1288年，马可·波罗已经离开家17年了，随着时间的推移，他越来越想家。

　　这年春天，马可·波罗和父亲、叔叔受忽必烈大汗的委托，护送一位蒙古公主到波斯成婚。他们趁机向大汗提出回国的请求。

　　大汗答应了他们，在完成使命后可以转路回国。

　　又经过3年跋涉，公元1291年，马可·波罗终于回到了久违的亲人身边。他们从中国回来的消息迅速传遍了整个威尼斯，他们的见闻引起了人们的极大兴趣。从中国带回来的无数奇珍异宝，使他们一夜之间成了威尼斯的巨富。

后来，马可·波罗参加了威尼斯与热那亚的战争，不幸被俘，关进监狱。他在中国的经历和见闻，成了慰藉他在狱中心灵的一剂良药。

他在狱中遇到了一位名叫鲁思梯谦的读书人，于是就有了马可·波罗口述、鲁思梯谦记录整理的《马可·波罗游记》。

《马可·波罗游记》盛赞当时中国的繁盛：

发达的工商业、繁华热闹的市集、华美廉价的丝绸锦缎、宏伟壮观的都城、完善方便的驿道交通、普遍流通的纸币等。

书中的内容，使每一个读了这本书的人，都对中国的文明和财富无限神往。

在马可·波罗到中国之前，在西方人的心目中的中国是个模糊甚至根本不存在的国度。《马可·波罗游记》揭下了蒙在中国身上的神秘纱幕，第一次向西方详细介绍了具有高度文明的中国。

与此同时，《马可·波罗游记》还向西方介绍了缅甸、印度支那、爪哇、苏门答腊、日本等国家和地区。

事实上，此书在地理学和地理大发现方面，具有极为重要的意义。马可·波罗从地理学的角度初步揭示了开辟新航路的可能性。当欧洲出现了资本主义的萌芽，渴望黄金和市场的时候，欧洲人就更加想到远东的中国来。

西方地理学家还根据《马可·波罗游记》的描述，绘制了世界上最早的"世界地图"。这终于引发了新航路的开辟和地理大发现。

地理大发现前一阶段的重要人物，几乎都读过《马可·波罗游记》，探险家们每到某个新地，总是要找《马可·波罗游记》中描绘的城市、地区或国家。

中世纪最受推崇的地理学家、天文学家托勒密认为，只有取道陆路才能到达中国。而在马可·波罗的游记中，记载了亚洲大陆的东部并未被不可逾越的沼泽封闭，而是可以通过长长的海岸线乘船到达。

当时的葡萄牙亲王亨利是15世纪西欧航海探险以及地理大发现事业的开拓者、奠基人。他有一本《马可·波罗游记》的手抄本并时常翻阅。他改进船舶设计和绘制地图，完善航海仪器和收集航海远行资料，使哥伦布、麦哲伦等伟大航海家借助这些条件，去实现他们远航的梦想。英国史学家比兹利称亨利为哥伦布、麦哲伦等人的"老师和校长"。

15世纪末著名的佛罗伦萨地理学家、西渡大西洋至东方的热心倡导者托斯堪内里也看过《马可·波罗游记》。他于1574年给葡萄牙主教马丁列沙写信，提出了由西行到东方去的具体设想。后来哥伦布多次向他请教，互通书信。

托斯堪内里在给哥伦布的信中，向哥伦布重复地介绍了《马可·波罗游记》中对中国以及辉煌岛（即日本）财富的描述，他向哥伦布提供了最新绘制的地图，哥伦布看了这张地图，认为这正是自己眼下所最需要的。

托斯堪内里的意见和地图对哥伦布下定西航决心起到了重大

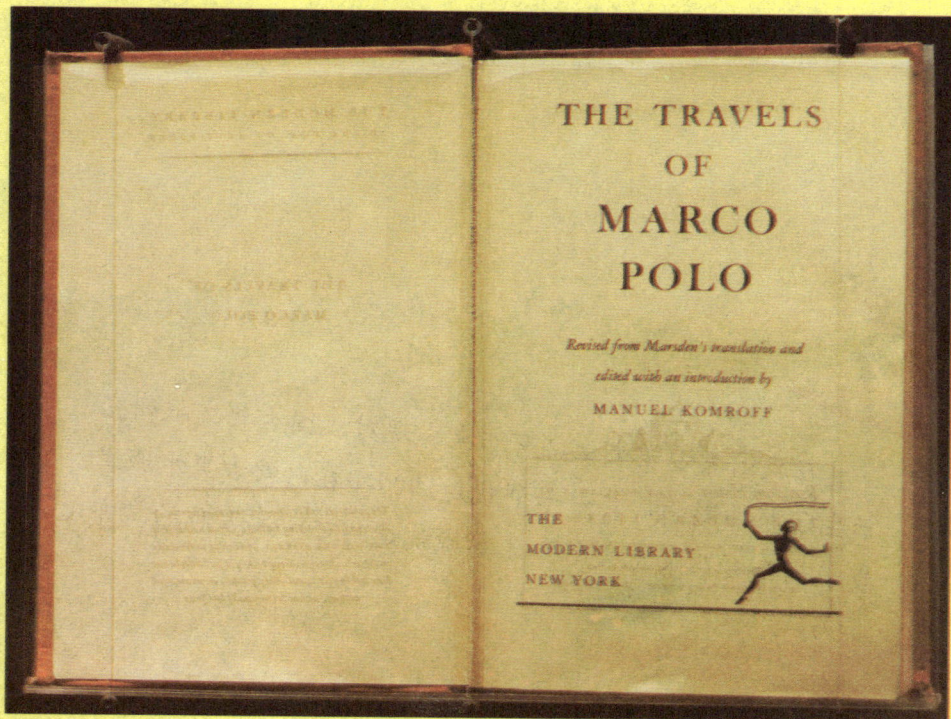

作用。

马可·波罗对哥伦布的影响是最深的，《马可·波罗游记》中提到中国的君主是蒙古大汗，所以哥伦布在首次远航时，还带着西班牙国王致蒙古大汗的国书及两份空白的备用国书。

哥伦布抵达美洲东部沿海后，他还以为到了亚洲东部沿海，曾经到处寻找马可·波罗在游记介绍的"行在"。在受到马可·波罗的巨大影响下，哥伦布的航海便逐步成为了现实。

马可·波罗作为西方与东方交流沟通的伟大旅行家，他所著的《马可·波罗游记》初步揭示了开辟新航路的可能性，对大航海时代的兴起和地理大发现都起到直接的催化作用。

《马可·波罗游记》就此拉开了西方大航海时代舞台的序幕。

延 伸 阅 读

在我国考古学史上，有四大发现对我国古典文献研究产生了深远影响，其中一个就是1909年在内蒙古黑水城里发现的西夏及宋元文书。黑水城就是马可·波罗称的"亦集乃城"。

郑和七下西洋出访各国

　　郑和七下西洋是指明代初期，郑和奉命出使7次下西洋的航海活动。郑和下西洋规模之大、范围之广、时间之长，是世界航海史上空前的壮举。

　　郑和下西洋在航海活动上达到了当时世界航海事业的顶峰，开辟了贯通太平洋西部与印度洋等大洋的直达航线，为世界航海事业作出了巨大的贡献。

公元1405年7月11日，明成祖朱棣命宦官郑和率领由240多艘海船、27000多名船员组成的庞大船队远航，拜访印度洋沿岸的国家和地区。

从公元1405年至公元1433年，郑和一共远航有7次之多，曾到达过爪哇、苏门答腊、苏禄、彭亨、真腊、古里、暹罗、榜葛剌、阿丹、天方、左法尔、忽鲁谟斯、木骨都束等30多个国家。最远曾达非洲东部和红海沿岸，并到过澳大利亚、美洲和新西兰。

从航海发展史角度看，郑和下西洋的航线具有创新性的突破。重要航线有56条，航线总长近25000千米。

第一次从苏州刘家港出发，经爪哇、苏门答腊、锡兰、印度西海岸的柯钦，最后到达古里。

第二次沿同样的路径至古里。

第三次以东印度洋为中心，从爪哇、苏门答腊往锡兰，又北上印度东海岸，抵孟加拉湾，然后折回马六甲海峡，在马六甲修筑城塞后返国。

第四次又经东印度海岸折往波斯湾，到达霍尔木兹。也有认为这次远航最后到达东非沿海。

第五次与前次航线相同，抵达波斯湾。又另分一支船队经由阿拉伯南岸远航至东非沿海的摩加迪沙、布腊瓦、马林迪等地。

第六次除驶入波斯湾外，另有分队绕东非沿海诸港口航行。

第七次进行了经由印度西海岸入波斯湾的最后一次航行。这次，郑和的部下到达了阿拉伯的麦加。

郑和下西洋是当时世界航海事业的顶峰，在以后的几百年中，几乎无人能及。他之所以能够7次远航，依靠的是先进的天文航海技术和地文航海技术，以及内容准确、详尽的《郑和航海图》。

在天文航海技术方面，我国很早就可以通过观测日月星辰测定方位和船舶航行的位置。

郑和船队已经把航海天文定位与导航罗盘的应用结合起来，提高了测定船位和航向的精确度，人们称之为"牵星术"。用"牵星板"观测定位的方法，通过测定星辰的高度，来判断船舶位置、方向、确定航线，这项技术代表了明代天文导航的世界先进水平。

在地文航海技术方面，郑和以海洋科学知识和航海图为依据，运用了航海罗盘、计程仪、测深仪等航海仪器，按照海图、

针路簿记载来保证船舶的航行路线。

航行时确定航行的线路，叫做针路。罗盘的误差，不超过2.5度。

《郑和航海图》得以传世，多亏明代末期儒将茅元仪将其收录在《武备志》中。海图中记载了530多个地名，其中外域地名有300个，最远的东非海岸有16个。标出了城市、岛屿、航海标志、滩、礁、山脉和航路等。其中明确标明南沙群岛、西沙群岛、中沙群岛，后来我国以郑和等命名南海诸岛礁，纪念这位伟大的航海家。

《郑和航海图》是世界上现存最早的航海图集。与同时期西方最有代表性的《波特兰海图》相比，《郑和航海图》制图的范围广、内容丰富、实用性强。

除此之外，郑和的航行之举，其船舶规模之大，人员之众，组织之严密，气魄之雄伟，历时之久，远非地理大发现时的西方船队所能比拟。

当时，仅就船舶一项而言，一般每次达200余艘，其中有大中型和巨型宝船60余艘，其载重量为1500吨。

像郑和这样在近30年的时间里频繁活动于海洋之上的航海家，在世界航海史上也是不多见的。

郑和下西洋不仅在航海技术和船队规模上领先于世界，而且在世界航海史上，早在地理大发现之前，便开辟了贯通太平洋西部与印度洋等大洋的直达航线，发现了美洲和大洋洲。

郑和下西洋的壮举远远早过葡萄牙、西班牙等国的航海家，如麦哲伦、哥伦布、达伽玛等人，堪称是地理大发现的先驱。

郑和船队的世界地图的精确绘制时间是公元1423年，欧洲探险者在起航前，地图上已经有了他们前往的国家和地区，绘制精确并且标明了航程。

这些事实充分表明了我国先于欧洲人的航海发现。但为何郑和没向朝廷申报当时的地理发现，原因却不得而知。

从郑和下西洋船队的航海时间上，也是我国航海发现的有力证明。郑和第一次下西洋是在1405年，比哥伦布1492年发现美洲"新大陆"早87年，比达伽玛1498年绕过好望角到达印度海岸早93年，比麦哲伦环球航行早110多年。

郑和下西洋不仅表明了我国劳动人民的智慧和勤劳，还表明了我国在政治、经济、文化以及科学技术领域居于世界领先地位，也在世界航海历史和地理大发现历史上开创了举世公认的成就。

延 伸 阅 读

郑和第一次下西洋时，到达爪哇岛上的麻喏八歇国时，被当地军队误杀170人。事件发生后，国王十分惧怕，又派使者谢罪，又要赔偿60000两黄金。郑和得知误杀，又鉴于他们请罪受罚，便禀明明王朝和平处理这一事件。两国从此和睦相处。

古代测绘发展历程

测绘在我国是一门古老的科学，它是我们的祖先在屯田、垦殖、兴修水利以及古城建筑的规划设计的生产实践中产生的，是随着政治、经济、军事的需要得以发展和提高的。地理测绘是其中重要的一个方面。

我国古代许多地理测绘科技成果，在当时的世界上都是处于领先地位。

据传说，夏禹时期有个本领高强的人叫竖亥，是夏禹的徒弟，曾经受夏禹之命步量世界大小，其实就是进行大范围测绘。

竖亥是一个步子极大、特别能走的人。他接受夏禹的命令后，率领专员踏遍了中华大地，进行了较精确的测量。《淮南子·墬形训》中说"竖亥步自北极，至于南极，二亿三万三千五百里七十五步。"

他们在测量时，发明了测量土地的步尺，为华夏民族的计量学创造了测量仪器——步尺，并确定了量度的基本单位尺、丈、里等，当为华夏量度制作鼻祖。

这个故事说明，我们的祖先为发展农业，在与洪水的斗争中，就已经开展过规模较大的测绘工作。

西汉史学家司马迁在《史记·夏本纪》中记载了夏禹治水的故事，"左准绳，右规矩，载四时，以开九州，通九道"。

这里的"准"是测高低的，"绳"是量距的，"规"画圆，"矩"则是画方形和三角形的。

禹治水成功，促进了农业发展，使百姓安居乐业，各部族和九州首领向大禹进贡图画、金属等物品，禹命工匠铸成九鼎，并刻上九州的山川、草木、道路以及禽兽的分布情况，这就是古代的原始地图，供人们外出交往沟通、狩猎时参考。

《晋书》中有段记载，在夏、商、周三代设置了"地官司徒"官职，专司管理全国地图。可见当时已经测绘了相当数量的

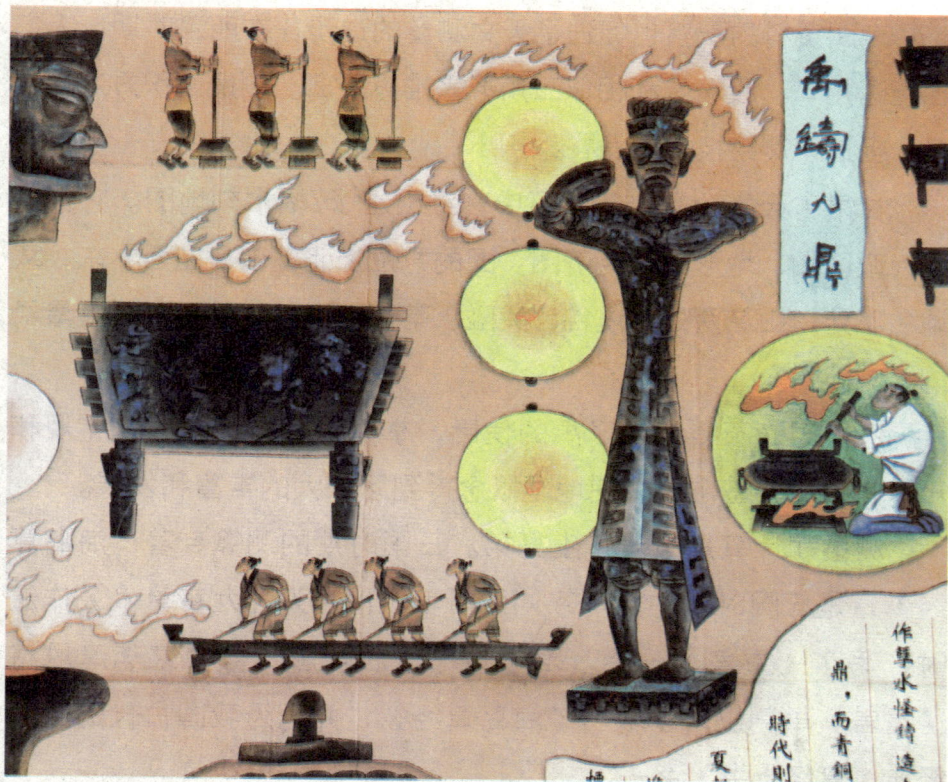

地图，以至需专人管理。

秦汉时期，封建王朝已把地图视为权力的象征，极为重视。这时的地图品种逐渐增多，有土地图、户籍图、矿产图、天下图、九州图等。

秦始皇统一中国后，立即收集各类地图，"掌天下之图以掌天下之地"，思路、观念极其明确。而且朝廷由"大司徒"专门管理，地方派"土训"管理，两者都是管地图的官司职称呼。

刘邦率军进入咸阳时，富有远见的萧何立即把秦代地图全部安置于坚固的资料库里，后来这些地图为汉代初期制定各项制度提供了基础信息。

地图资料的积累也促进了天文测量的进步，在西汉时期，人们已能运用勾、股、弦和相似三角形来推算距离。测量面积方法的增多，促进了测绘技术的发展。

甘肃省天水放马滩的秦墓中曾经出土了7幅木刻地图。它们分别为政区图、地形图和经济图。图的方位上北下南、左西右东，载地名28处，山名两处，溪谷、关隘、亭都有记载。这是世界上最早的木刻地图。

汉代画像石上绘出了禹的使臣，拿着绘图与测量的仪器规和矩。在测量的基础上，使地理概念得到了极大的丰富和发展。

测量和计算是一对孪生兄弟。三国时期的测算专著《海岛算经》，是三国时期的数学家刘徽所著。他在为《九章算术》作注时，写了《重差》一卷，附于该书之后。唐代数学家李淳风将《重差》单列出来，取名《海岛算经》，并列为我国古代的数学经典《算经十书》之一。

该书全部9个算例均涉及测高望远及其计算问题。分别是："望海岛"，即测量海岛的高度；"望松"，即测量山上的松树的高度；"望邑"，即测量城市的大小；"望谷"，即测量涧谷的深度；"望楼"，即居高测量地面上塔楼的高度；"望波口"，即测量河流的宽度；"望清渊"，即测量清水潭的深度；"望津"，即从山上测量湖塘的宽度；"临邑"，即从山上测量一座城市的大小。

为解决这些问题，刘徽提出了重表法、连索法和累距法等具体的测量和计算方法。这些方法归结到一点，就是重差测量术。

重差测量术是借助矩、表、绳的简单测量工具，依据相似直角三角形对应边成比例的内在关系，进行测高、望远、量深的理论和方法。

《海岛算经》是一部影响久远的测算专著。它所详细揭示的重差测量理论和方法，成为古代测量的基本依据，为实现直接测量（即步量或丈量）向间接测量的飞跃架起了桥梁。直至近代，重差测量理论和方法在某些场合仍有借鉴意义。

三国之后，晋代著名的制图学家裴秀，在总结前人经验的基础上，创造了"制图六体"，几乎把现代地图的测制原则全都扼要地提到了，这在我国制图发展史上具有划时代的意义，对后代测制地图有着深远影响。

唐代初期，我国疆域辽阔，为了便于统辖，唐太宗李世民曾规定全国各州、府每年要修测地图一次。可见当时已建立起对地图的实时概念。

唐德宗曾令制图学家贾耽绘制全国大地图。贾耽完成的《海内华夷图》，显示出当时大唐疆域东西15000千米，南北17500千米，相当于当代一幅亚洲地图。

唐代著名天文学家一行，在世界上首次用科学方法测量子午线的长度。他根据不同地点的日影变化，求得北极星高度差一度，则地上南北距离差175.5千米又80步，而且是不均匀的。这一发现比其他国家要早1000多年。

宋代"王安石变法"时，曾开展大规模的农田水利建设，在推行新法的六七年间，全国兴修水利10万余处，灌田3000多万亩，其间有大量的勘察与测绘工作。

北宋科学家沈括曾主持治理一条420千米长的水渠，他采用"分层筑堰法"，测出长渠两端的高差为19.486丈。沈括还奉旨用12年的时间编修了《天下州县图》，把图上的方位由8个增加至24个，提高了地图的精度。

沈括经过对北极星连续3个多月的观测，绘制了200多张北极星与磁北方向图，发现了磁偏角。这是史无前例的发现，对测绘有着重大的科学价值，比哥伦布横渡大西洋时发现磁偏角要早400年。

元代天文学家郭守敬用自制的仪器观测天文，发现了黄道平面与赤道平面的交角为23.33度，而且每年都在变化。如果按现在的理论推算，当时这个角度是23.32度，可见当时观测精度是相当高的。

郭守敬还发明了一些精确的内检公式和球面三角计算公式，给大地测量提供了可靠的数学基础。

当时，为兴修水利，郭守敬带领队伍在黄河下游进行大规模的工程测量和地形测量工作，使许多重要工程得以科学设计、合理施工，节省了大量的人力和物力。

在我国乃至世界历史上，郭守敬是第一位用平均海水面作为高程起始面的人。

明代郑和下西洋时的航海图是我国古代测绘技术的又一杰作。

郑和7次下西洋，最远到达非洲的索马里、阿拉伯半岛和红海一带，使明初的海疆超过了汉代和唐代。《郑和航海图》一直保存至现代，是我国最著名的古海图，也是我国最早的一幅亚非地图。

清代的康熙皇帝出生于指挥战争和巩固政权需要的年代，对了解各地山川地貌格外重视，曾经亲自领导了全国性的大地测量和地图测绘工作。

康熙首先统一了全国测量中的长度单位，依据对子午线弧长的测量结果，亲自决定以200里合子午线一度，每里长1800尺，每尺为子午线长的1%秒。

他还利用传教士培训测绘人才，购置测绘仪器。从北京附近开始，先后测绘了华北、东北、内蒙古、东南、西南、西藏等地区的地图，然后编绘《皇舆全图》。

清乾隆即位后，又编绘了《西域图志》和《亚洲全图》，这些图都是当时世界上极为重大的测绘成果，标志着我国测绘科技曾一度走在世界的前列。

这些古地图对研究我国古今地理、水系、湖泊的动态变迁有着极其重要的科学价值。

纵观我国古代测绘史，在数千年的历史长河中，它的进步与发展，基本上是以朝代为单元，以个人出众的勤奋和才华而独立的。但是，以史为鉴的测绘成果，全都熠熠生辉，璀璨炫目。

延 伸 阅 读

地图在我国的使用很早。传说大禹治水三过家门而不入的精神感动了黄河的水神河伯。他献出一块大青石，上面是治水用的地图。禹治水由此取得了成功。"传说"虽然不能证实地图起源的具体时代，但从侧面说明约在4000年以前，我国已经使用地图了。

值得称道的古代军事地图

　　我国古代地图多数都是局部的，很少有关于整个国家或者大范围的地图。军用地图更多是临时做出来的，而沙盘也是古代的斥候（即侦察兵）根据临时侦查出的地形制作的。

　　我国古代，在制作与军事密切相关的地图方面，有许多值得称道之处。

　　相传，黄帝曾与蚩尤发生战争，黄帝命他的一位大臣史皇，绘制地形物象之图。这幅地图在黄帝与蚩尤的战争中，对黄帝战胜蚩尤起了很大作用，黄帝利用这个图将蚩尤擒杀于冀州之野。

　　原始社会时期，先民部落生存极为艰难，无论东讨西伐扩大领地范围、争夺更多资源，还是躲避洪水猛兽、风雷雨雪自然灾害的侵袭，最迫切需要的就是根据

天文、方位、地形情况，来决定部落是否出征、迁徙的占卜图形或标注河流、地貌的生活实用图形。

史皇绘制的原始地理图形，在实现占卜天地、祭祀神鬼等功能的同时，也很容易成为黄帝应用于作战中的参考和采取不同战法的依据，成了黄帝的取胜法宝。

黄帝利用史皇图中显示的地理形貌情况排兵布阵，派出大将应龙在高处筑坝蓄水阻挡蚩尤，使用驯养的猛兽通过有利的地形直接冲入蚩尤阵营厮杀。

黄帝还利用天文变化情况的变化赢得战机。他根据蚩尤意欲借助大雾弥漫的天象乱中取胜的情况，巧借大雾之后的狂风大作、沙尘飞扬的气象变化，依靠指南车的指引乘胜追击，活捉蚩尤。

这些过程精彩绝妙之处，正是我国原始时期地图作用的凸显和对地理特征、气象变化为我所用的结果。

春秋战国时期，地图已普遍用在军事上。《管子·地图篇》记载，凡主兵打仗，必须先看图，知地形，才不致失利。《孙子兵法·地形篇》记载，没有地图、不知地形，必败。

这一时期的军事地图都刻在木板上，包括山脉、河川、城镇、道路等相关位置，具有一定的比例，而且广泛应用了指南针。

至秦代，应用军事沙盘研究作战的情况已经出现。《史记·秦始皇本纪》记载："以水银为百川大海，相饥灌输，上具天文、下具地理。"

据说，秦国在部署灭六国时，秦始皇亲自堆制沙盘研究各国地理形势，

在李斯的辅佐下，派大将王翦进行统一战争。后来，秦始皇在修建陵墓时，墓中堆塑了一个大型的地形模型，以地形模型作为殉葬品，这说明秦始皇从统一战争中认识到地形之重要。

秦始皇陵墓中的模型不仅砌有高山、丘阜、城邑，而且用水银模拟江河、大海，用机械装置使水银流动循环。可以说这是最早的沙盘雏形，至今已有2200多年历史。

考古工作者在湖南省长沙马王堆三号墓中出土的3幅绘于绢帛上的地图，包括驻军图、地形图和城邑图。其中的驻军图反映当时军队守备作战的兵力部署。

驻军图具有专门军事用途的特点，突出显示了驻军名称、布防分布位置、城堡、要塞、烽火台点、水池、防区界线等情况。这幅地图是现在世界上所能见到的最早的彩绘军事地图，体现了

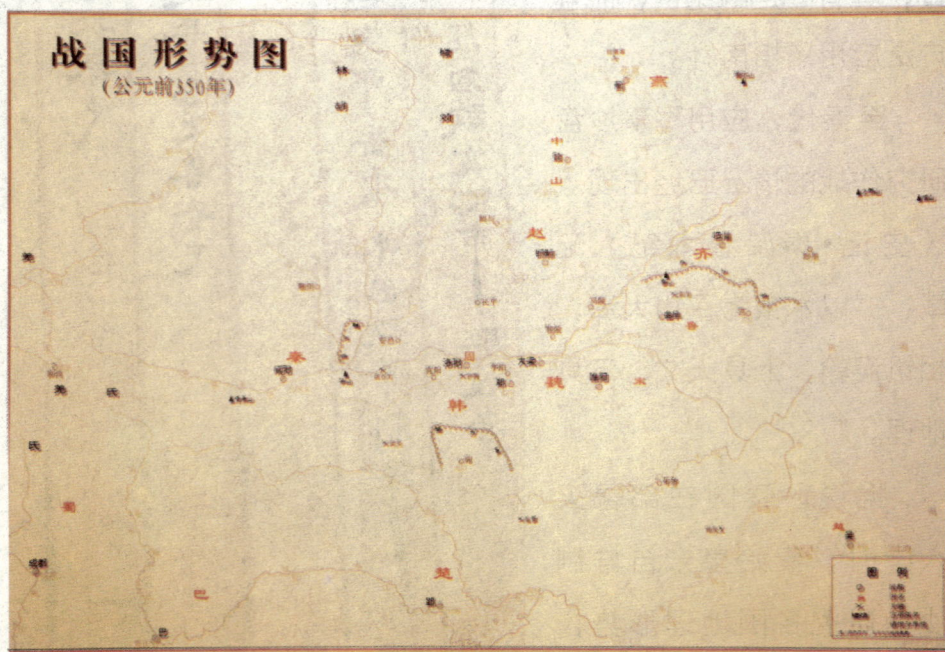

战国形势图
（公元前350年）

当时精湛的地理地图知识水平。

　　驻军图把与驻军活动有关的内容，用鲜艳夺目的重色表示在主要层次之上。显眼的三角形城堡，表示大本营，红、黑两色套框表示要塞。而将一般的山脉，河流等地理基本要素用淡调的青色标出，放到了图面的底图次要层次之上。层次分明，一目了然，这与现代专门地图的多层次平面表示法相类似。

　　驻军图中的山脉用"山"字形象象形符号，山脊用单线表示走向。河流用青的淡色。这就减轻了非专门内容在图面上的载负量，达到突出专门内容、突出主题的实际效果。

　　驻军图中的居民点用红圆圈表示，注明户数，无人居住也要注明。道路多与主要居民点相连，用醒目的红色表示。

驻军图反映了驻军营地的地形情况。驻军营地选择有利地形条件。城堡多选择环水靠山之处，并分设岗楼控制地形。它体现了我国古代传统的复式兵力部署，重视利用地形的守备思想。

驻军图中清楚地标明了当时一线兵力、二线兵力、指挥部、预备队等构成的梯形军事部署。在防区的山脊上还标绘出各烽火台，它们既是前沿观察哨所，也是当时的通讯设施。

据《后汉书·马援传》记载：公元32年，光武帝征伐天水、武都一带地方豪强隗嚣时，大将马援"聚米为山谷，指画形势"，使光武帝顿有"虏在吾目中"的感觉。这是我国战争史上运用沙盘研究战术的先例。

隋唐时期是我国封建社会的盛世，政治、经济空前繁荣，科学文化长足发展，古代科学技术体系发展至成熟阶段。在这种背

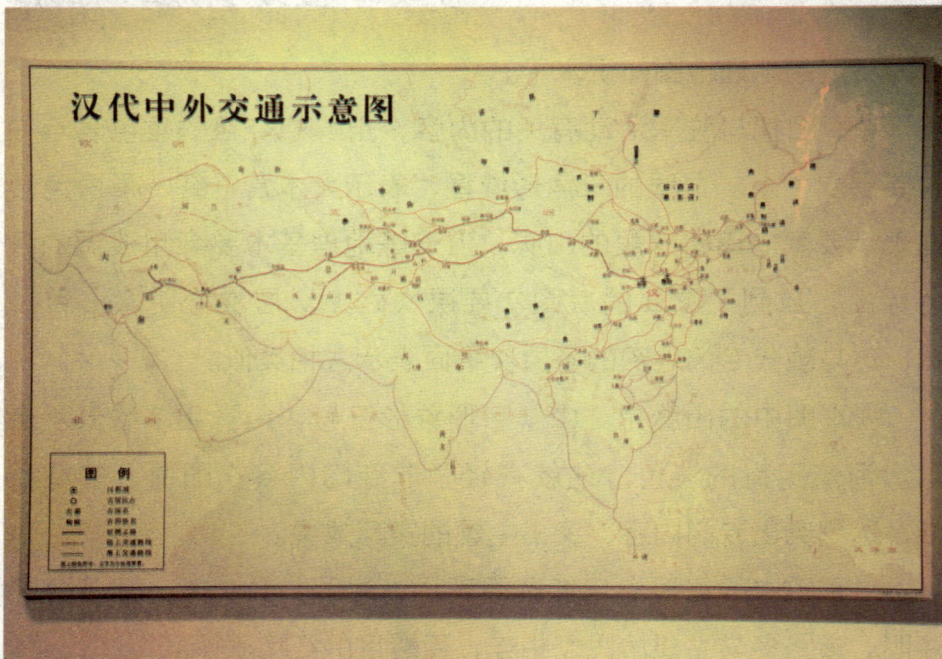

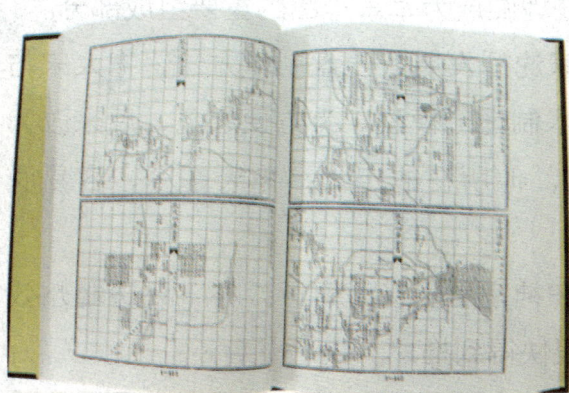

景下，军事测绘技术如军事地图制作、军事工程测量、军事地理调查等方面也取得了一系列重大成就。

隋唐时期在兵部下设职方司主管军事测绘，包括全国及周边地区地图的测绘与管理。《隋书·百官志》记载，兵部下设的职方司主管地图。在唐代职方司掌握着东西南北中五方区域的军事地理的动态变化，如军事重镇、戍守地点或区域，以及烽火台和城防，这些军事地理要素在军事地图上历历在目。

隋唐时期，军事地图制作呈现出空前的繁荣。据《新唐书·艺文志》记载，当时保存的地理图籍有160部，1292卷，其中各类地图18种，489卷。

这些地图中，著名的军事地图或具有军事用途的地图主要有：

隋代虞茂编撰的《区宇图志》128卷；朗茂编撰的《诸州图经集》100卷；负责西北军务的裴矩编制的《西域图志》3卷。

唐代则有贾耽主持编绘的《关中陇右及山南九州》《海内华夷图》《贞元十道图》等；李吉甫主持编绘的《十道图》10卷、《元和郡县图志》40卷。

此外，隋唐时期还出现了大量的区域性地图，如《河北险要图》《淮西地图》等，这些地图成为军事地图的重要组成部分。

北宋时期，著名科学家沈括发展了沙盘制作方法，把大宋与契丹接壤的沿边地形制成木制地形模型。为方便起见，后来改为石面糊木屑做在木面板上，他所在的定州，冬天寒冷，容易脱落，又改用熔蜡制作。

沈括将其报送皇上，宋神宗看后甚为嘉评，并下诏边疆州效法制作。因适用于军事，很快得到推广。

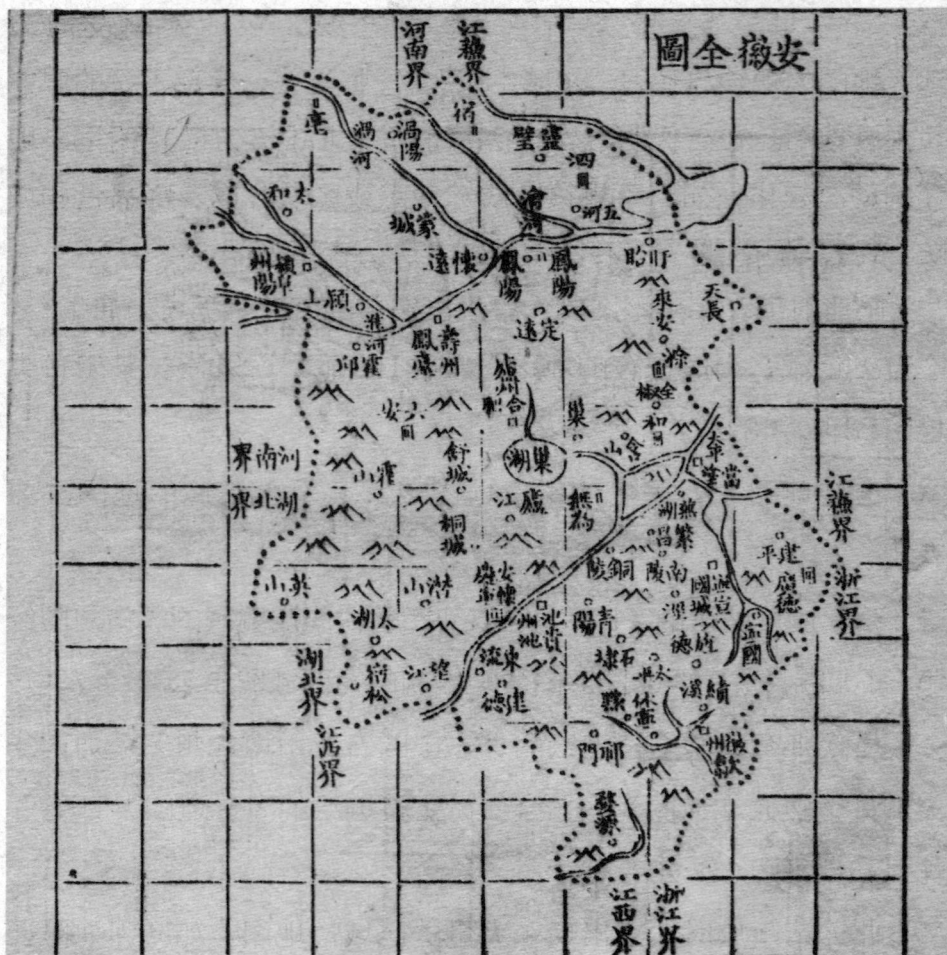

元代制图学家朱思本，以实地调查资料，参考前人著作，费时10年绘成的《舆地图》，取材广博，取舍慎重，采用计里画方制图方法，精确程度超过前人，是我国地图史上一幅很有影响的地图。可惜图幅太大，不便携带翻刻，现已失传。

朱思本系元代地理学家、地图制图学家。他周游河北、山西、山东、河南、江苏、安徽、浙江、江西、湖北、湖南10省，继承了魏晋间裴秀和唐代贾耽的画方之法，即画图时打上方格，每格代表一定里程，绘制了《舆地图》，使他成为元代地理学及中国地图史上的划时代人物。

《舆地图》以我国为主体，外国作为衬映，内容较详细，图形轮廓较准确。此图系统地使用了图例符号，成为元明清各代绘制全国总图的范本。

明代罗洪先将朱思本《舆地图》加以改绘，取名为《广舆图》。这部图集是以明代版图为核心，按行政区划分幅的当时地理视野所及的世界地图集。同时配以经济发展和与国民经济关系切要的一些专门性地图。

因此，构成了明代一部体例完备的全国综合性地图集。此图集在明清两代多次翻刻，流传很广，影响很大。

《广舆图》由45幅地图组成图集，其中包括《九边图》《海防图》《江防图》等幅，具有明显军事性质。

《九边图》是明代朝廷为了防御北方瓦剌族骚扰，东起鸭绿江，西至嘉峪关，将所设的9个边防重镇，即辽东、宣府、大同、延绥、宁夏、甘肃、蓟州、太原、固原分别刻绘一幅地图。每镇

均驻重兵把守，是一个相联系的北方防御体系。

每边图旁都有简略的图说，介绍驻军人数，下属各边镇兵马数目以及囤积粮草情况。

明代兵部职方主管地图的主事陈祖绥曾经对历史上遗留下来的旧图做了详尽的研究，绘制出一幅体现重视军事要素的《皇明职方地图》。

该图出于陈祖绥任兵部本职工作的需要，侧重于军事要素的绘制。例如，在绘制边疆各地理要素上，改旧图详绘境内而疏境外的缺点。他还把旧图明王朝失去的土地，也绘于图内，说绝不可"弃而不问"，用来激发光复国土的信念。

《海防图》也是明代一种军事地图。海图内，不仅有倭寇入侵沿海的路线图，而且有《沿海沙山图》，该图绘有沿海城镇、岛屿、山、海、沙滩、海岸线以及屯兵营地等要素。着重表示沿海一带山脉地形、河口海湾、小岛礁石、军营、指挥所、烽火台等。图的方位多以大陆为下端，海为上端。

《江防图》也是明代出现的一种军事地图。它同海防图如同一对孪生姐妹，现存较完整的明代江防图是《郑开阻杂著》中的《江防图》。图内绘有长江两岸的地形、居民地、城镇和城墙、城楼、江中岛屿、江防兵要说明等。

明末清初，西方的测绘技术对我国的制图学影响很大，使我国的制图学进入近代制图学发展的新时期。康熙帝对测量地理和绘制地图很感兴趣，在其3次亲征噶尔丹及巡游东北时，都令人随时随地测量经纬，为制图做准备。

清代朝廷绘制地图，已经注意对边疆地区的历史沿革的考察

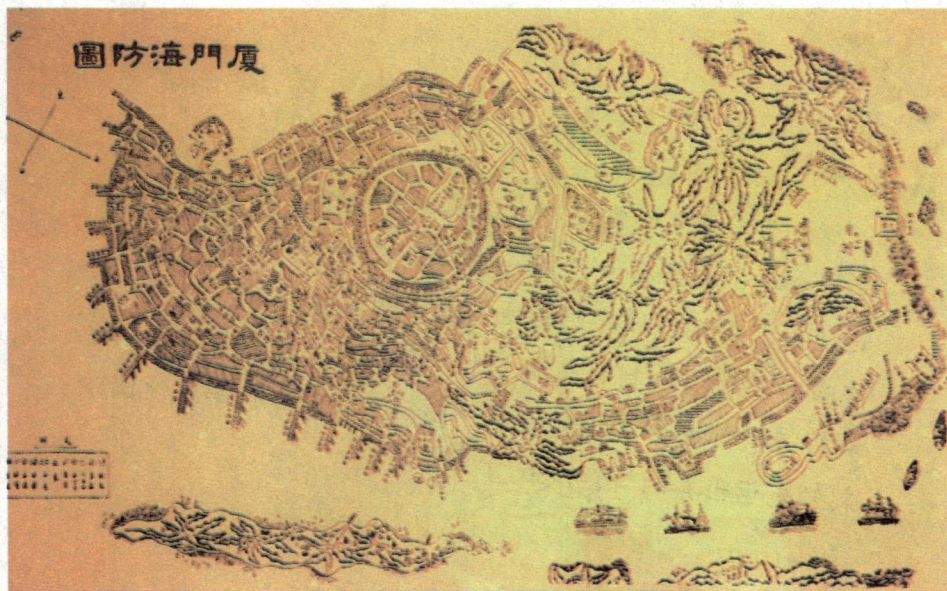

和经纬度的测量。

比如雍正时期《皇舆图》除了反映我国当时的东北、蒙古、新疆、西藏以及内地15省的地形和政治、军事情况，还包括西伯利亚、帕米尔以西地中海以东的中亚山川、河流、居民等地理内容，实为中外大地图。

清代在绘制地图时，十分明确地标出其对领土的主权范围和边疆地区的有效管辖范围。尤其注意西藏、新疆和东南海域的疆域。清代类似的地图，都具有明显的军事性质。

清代绘制的国家地图不仅是国家疆域范围在18世纪的象征和有力证据，而且在科学技术上具有很高的学术价值。

延 伸 阅 读

由于军事上的需要，我国汉代军事地图在精度、绘制层次安排、标绘符号设计、地物要素符号、颜色配置、注记使用，以及作战思想与地图表示的统一性等方面，不仅在当时是地图绘制的最高水平，在今天看来，其绘制水平和符号设计也令人惊叹，充分显示了我国古代军事地图绘制领先于世界的辉煌成就。

裴秀的制图六体原则

　　"制图六体"是晋代制图学家裴秀总结了前人制图经验提出的绘制地图的6条原则。它正确阐明了地图比例尺、方位和距离的关系，是我国最早的地图制图学理论。

　　"制图六体"对我国西晋以后的地图制作技术产生了深远的影响。唐代贾耽、宋代沈括、元代朱思本和明代的罗洪先等古代制图学家的著名地图，都继承了"制图六体"的原则。

　　裴秀出身于一个官宦之家。他的祖父裴茂，父亲裴潜，都当过

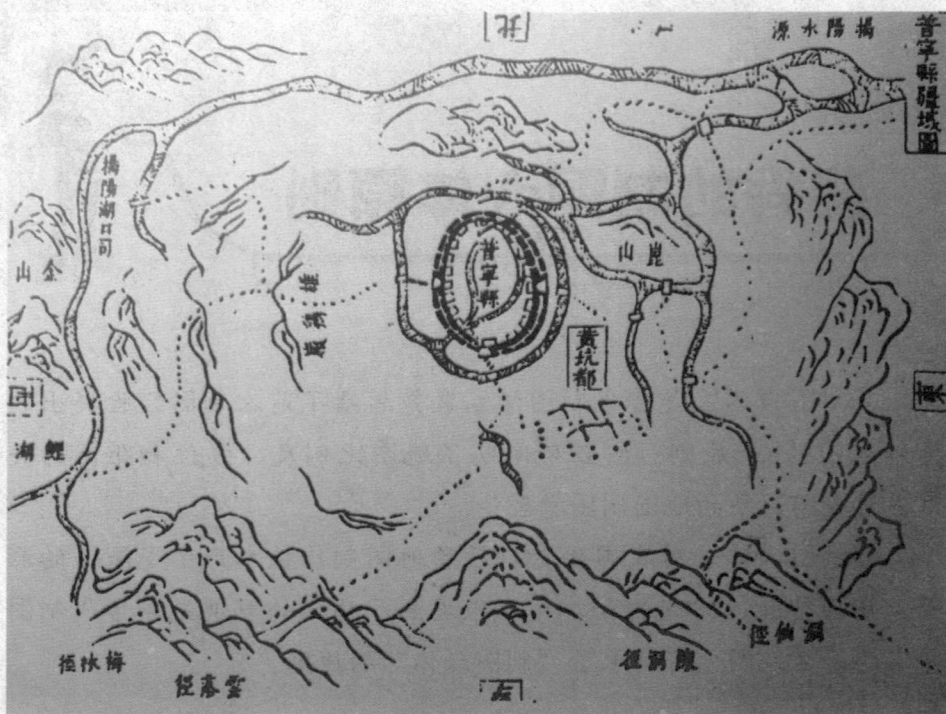

尚书令。裴秀从小就聪明好学，长大后也袭父职做了尚书令。

晋武帝司马炎代魏称帝后，裴秀又被任命为司空。他担任这一职务后，除在朝廷中负责政务外，还负责管理国家的地图和户籍人口。

由于职务上的关系，裴秀得以接触和使用到大量的地图和地理书籍，使他对古代地理和地图进行了仔细整理和精心研究，并领导地图制作。

裴秀曾经从九州的范围至具体的山脉、河流、湖泊、沼泽、平原、高原，都一一考察落实。同时，他又结合当时的实际情况，探明了历代的地理沿革，连古代的诸侯结盟地与水陆交通也一一摸清。

对于自己暂时确定不了的，就特别注明，决不敷衍了事。最后，按1比900万的比例，制成了著名的《禹贡地域图》18篇，成为历史上最早的地图集。此外，裴秀还编过《方丈图》，把汉代的全国地图按1比180万的比例缩成一幅《方丈图》。裴秀的这些地图，是当时最完备、最精详的地图。

由于长期测绘工作的实践，裴秀留下了系统、科学、合理的制图理论，这就是"制图六体"。裴秀绘制的《禹贡地域图》图集后来失传了，现在我们能见到的，只有他为这套地图集所撰写的序言。在这篇序言中，保存了他的"制图六体"理论。

裴秀在序言中详细论述了制作地图的原则和方法。一为分率，即比例，用它折算图与实际地物之间的数量关系；二为准望，即方位，用它确定地物的位置、方向；三为道里，用它确定地物间的距离；四为高下；五为方邪；六为迂直。

前三条法则，阐述了地图的比例、方位和距离，是现代地图绘制不可缺少的数理元素。后三条法则的使用各因地制宜，都是用来校正由于地形起伏、方向偏差和物体之间迂回弯曲而引起的误差。

后三项原则论述如何正确确定表达两点距离的方法。要考虑由于地面起伏、方向偏斜和将曲线变为直线产生的误差。将斜距归化为水平距的改正即"高下"，方向偏差的改正即"方邪"和曲线改正即"迂直"，最后才能得到不带或少带误差的飞鸟直达距离。裴秀认为，制图六体是相互联系的，在地图制作中极为重要。地图如果只有图形而没有分率，就无法进行实地和图上距离的比较和量测。如果按比例尺绘图，不考虑准望，那么在这一处的地图精度还可以，在其他地方就会有偏差。

有了方位而无里程，就不知图上各居民地之间的远近，就如山海阻隔不能相通。有了距离，而不测高下，不知山的坡度大小，则径路之数必与远近之实相违，地图同样精度不高，不能应用。

裴秀强调指出，在运用这些原则时应因地制宜，互相参照，综合运用，才能正确地解决地图比例尺、方位、距离及其改化问题。这样，虽有高山大海阻隔和难以达到的绝险之地，都可以得到正确的结果。

裴秀提出的这"制图六体"，是当时世界上最科学、最完善的制图理论。除经纬线和地图投影外，现代地图学上应考虑的主要因素，他几乎全提了出来。这一理论直至明清时期都是遵循的。

明代末期，意大利有经纬线的地图传入我国后，我国的绘图方法才开始改变。裴秀这一时期的地图，是我国地图史的中坚，追寻他地图制作的历程，基本可以看出明代以前我国制图的发展过程和地图的主要源流。

地图是人类表达地理景观、描述地物空间位置的一种手段，它的实用价值有时是文字效果无法比拟的。因此，华夏初民在后来的与自然作斗争的过程中，逐渐发现及学会把自己地理活动的范围用符号或图形表示出来，这便成了古典地图。裴秀在地图学上的主要贡献，在于他第一次明确建立了我国古代地图的绘制理论，是我国古代唯一的系统制图理论，直至今天地图绘制考虑的主要问题除经纬线和投影外，裴秀几乎都扼要地提到了。

裴秀不仅总结归纳了我国远古以来地图学的丰硕成果，而且推出了自己的创造性见解，第一次为我国的地图绘制确立起一套较为严格的科学规范理论体系，为编制地图奠定了科学的基础，

使我国的地图绘制从此进入了一个全新的发展阶段。

此后我国的制图业经过各代发展至今，取得了让全世界都刮目相看的成就。

唐代地理学家、地图制图学家贾耽师承裴秀六体，绘制了世界上最著名的《海内华夷图》。此图幅面约10平方丈，比裴秀的《地形方丈图》大10倍，可见唐代制图事业之规模。

此外，宋代石刻的《华夷图》《禹迹图》《地理图》、明代的《广舆图》、清代的《皇舆全图》及《大清一统舆图》等，无不闻名海内外。

裴秀的"制图六体"是他在亲自实践的基础上，批判继承前人制图经验而创造性地总结出来的地图绘制理论。这一理论奠定了我国中古时期制图的理论基础，推动了地图制图学的发展，在我国地图学的发展史上具有划时代的意义，在世界制图学史上亦占有重要地位。英国李约瑟教授称裴秀为"中国制图学之父"。

延 伸 阅 读

对《禹贡地域图》的内容，今人有两种不同的意见：一种认为是以历代区域沿革图为主的历史地图集，共18幅图；一种认为不是历代的，而仅是晋朝当代的地图集，18幅为晋初16个州的行政区图，加上吴、蜀地图各一幅。

沈括对地理学的贡献

　　沈括是我国北宋中期的杰出科学家，他在自然科学和人文科学方面有很深的造诣。

　　沈括对地理学的贡献在自然科学界独树一帜，他在测量与绘图、地质学研究等方面颇多建树，他还发现地磁偏角的存在，记录气候变化，在世界上率先给"石油"命名。可以沈括说是个多才多艺的伟大科学家。

　　北宋末年，与辽国之间战争不断，签订"澶渊之盟"后双方罢兵休战。辽国垂涎中原地区的繁华，仗着骁勇的骑兵，不断提出领土要求。

　　1075年，辽国派大臣萧禧来到东京，要求重新划定边界，他提出的边界是山西北部的黄嵬山，黄嵬山以北为辽国所有，以南为大宋朝所有。大宋如同意他的要求等于将辽国的领土向南推进了15千米。

　　黄嵬山是一座默默无闻、名不见经传的山脉，北宋大臣几乎是一无所知，朝廷上上下下乱作一团。这时，朝廷想起了熟识地理的沈括，命他出任谈判特使，要他既不能轻开战事，也不能向敌示弱而接受无理要求。

沈括不卑不亢，胸有成竹，他所带的武器就是他的地理学说和《天下郡守图》。

他向萧禧指出，两国按"澶渊之盟"划分边界，边界是白沟河，白沟河以北为辽国领土，以南为大宋领土，而黄嵬山在白沟河以南，是大宋的领土，而不是辽国的领土。

萧禧没有一张自己的地图，更不知道黄嵬山的准确方位，在地图面前，他感到理亏三分，气焰不知不觉地矮了一截。争论了

辽 北宋时期全图
辽天庆元年 北宋政和元年（公元1111年）

图 例

几天后，双方无功而返，但没有将争论推向极端。

不久，沈括又受命出使辽国，在辽国首都上京再谈两国边界。这时辽国的谈判代表升了级，改成了辽国宰相杨益戒。

在谈判时，沈括再次以"澶渊之盟"为基础，以《天下郡守图》为依据，有理有节，寸步不让，而辽国宰相找不到重划边界的理由。这时，沈括又出示大宋的木制地形模型，这使得辽国宰相大为惊奇，深感大宋确有奇才能人。

沈括终于使得辽国放弃了对宋的领土要求，他不愧是一位出色的外交家与地图学家，运用智慧捍卫了大宋的尊严，使大宋的领土得以完整。

其实，沈括的成就是多方面的，他不仅是一个出色的政治家和外交家，也是一个多有建树的科学家。

在科学研究领域，沈括除了在天文、数学、医学、科研方面所取得的成就外，在地理方面，他研究测绘、制作地图，对冲积平原形成、水的侵蚀作用进行研究，发现地磁偏角的存在，还记录气候变化，首先提出"石油"的命名等。

沈括之所以在地理方面取得多项重大成就，是和他长期的学习和积累分不开的。

沈括自幼对天文、地理等有着浓厚的兴趣，勤学好问，刻苦钻研。少年时代他随做泉州州官的父亲在福建泉州居住多年。步入仕途以后，他多次出使国外，观察、研究和记录沿途地形地貌，积累了丰富的地理学知识。

他所经历的多方面见闻，后来均收入他的笔记体著作《梦溪笔谈》。这部书被西方学者称为"中国古代的百科全书"。就性质而言，《梦溪笔谈》属于笔记类。从内容上说，它以多于三分之一的篇幅记述并阐发自然科学知识，这在笔记类著述中是少见的。

在宋代，由于测绘技术的局限，绘制地图用的是"循路步之"法，也就是沿路步行丈量，用步行得出的数据绘制地图，由于道路弯弯曲曲，山川高低错落，用"循路步之"法绘制的地图与实况有很大的误差，图上差之一厘，实地就差之千米。

沈括采用"飞鸟图" 也就是"取鸟飞之数"，用的是飞鸟直达的距离，有点像现在的航空拍摄，使得地图的精确度大为提高。

沈括在视察河北边防的时候，曾经把所考察的山川、道路和地形，在木板上制成立体地理模型。这个做法很快便被推广到边疆各州。

公元1076年，沈括奉旨编绘天下州县的地图。他查阅了大量档案文件和图书，经过近20年的坚持不懈的努力，终于完成了我国制图史上的一部巨作《天下郡守图》。

《天下郡守图》是一套大型地图集，共计20幅，其中有大图一幅，高4米，宽3.3米；小图一幅；各路图18幅，是按当时行政区划，全国分18路而制作的。图幅之大，内容之详，都是以前少见的。事实上，正是由于他的地理学说与《天下郡守图》，使他在与辽国的边界谈判中发挥了重要作用，起到了10万士兵都难以达到的威力。

在制图方法上，沈括不仅能确定精确的方位、比例，而且能校正因地形起伏、道路曲折而产生的测量误差。他首创了地形高程测量的方法。

沈括创"分层筑堰"测量地形的方法，测量了汴河河道地形，测量了自河南开封上善门至泗州淮口的直线距离。这是世界最早的精密地形测量，在世界水利史上是一个创举。

"分层筑堰"是把汴渠分成许多段，分层筑成台阶形的堤堰，引水灌注入内，然后逐级测量各段水面，累计各段方面的差，总和就是开封和泗州间"地势高下之实"。

仅仅四五年时间里，就取得引水淤田17000多顷的显著成绩。在对地势高度计算时，其单位竟细到了寸分，可见沈括的治水态度是极其严肃认真的。

在实地测量的基础上，沈括用胶泥、木屑与熔蜡混合，制造

出几种不同的地图模型，然后再复制成木刻地理模型。这比欧洲最早的地理模型早了多年。

地图和地图模型都有详细的说明书，以备后世图亡佚时，如果得到说明书，按各方位布置地物点位及郡县，立可成图。

沈括提出分率、准望、互融、傍验、高下、方斜、迂直等九法，这和西晋裴秀著名的"制图六体"是大体一致的。他还把四面八方细分成24个方位，使图的精度有了进一步提高，为我国古代地图学做出了重要贡献。

在地质学方面，沈括奉命到北方边防视察，路过太行山麓，看到螺蚌化石。据此，他推断这里过去是海滨，现在距海已近千千米了。并进而推断华北平原是由黄河、滹沱河、涿水、桑乾河等冲积形成。根据化石来恢复古地理环境，是沈括在地学史上的伟大贡献之一。

他还从黄河等河流的侵蚀和沉积以及历史记载,来说明华北大平原是由这些河流自上游冲积带来的泥沙沉积而成。这是对华北平原成因最早的科学解释。

他还论述了上耸千尺、峭拔险奇的雁荡诸峰,其高岩峭壁的顶部,适在同一平面之上,由此推断雁荡诸峰是由流水侵蚀作用形成的。流水将疏松破碎的岩石、土壤冲走,留下坚硬、固结的峭峰,因而其巅高度会在同一平面之上。此后他又以黄土高原为例,进一步阐明了流水的侵蚀、沉积原理。

在气候学方面,沈括根据延州永宁关大河岸崩,入地数十尺,其下出土一石笋林,共有数百茎,都变为化石。因而推断这里气候早年湿热,竹生繁茂。根据化石来研究古气候变迁,沈括也是世界上最早的。

他还记载了有关虹和大气的折射现象,认为"虹乃雨中日影,日照雨则有之",论证和解释了这一天空大气折射现象的科学原理。他还记录了登州(即山东蓬莱)的"海市蜃楼"现象,指出这种现象不仅出现在海滨,也会出现在大陆。这是一种大气的折光现象。

沈括科学地描述了龙卷

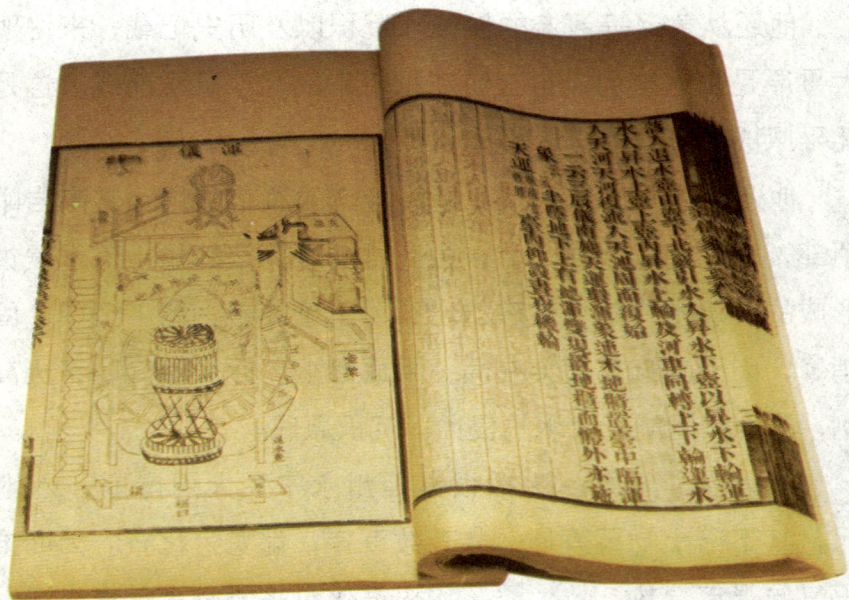

风发生时的全部过程和外表形态。其外形望之插天如羊角，具有强大的破坏力，所经之处，官府、房舍、居民住家一扫而空，通通卷入云中去了。甚至会把县城变为废墟。

他对龙卷风的细致描述，证明了龙卷风的分布并不仅只是南美洲独有的现象，当时，在我国也曾发生过龙卷风。

沈括对物候学也有过杰出的研究，说明了温度随地势的增高，会相应下降。植物开花也跟着会在时间、季节上延缓。同一种植物，因品种不同，发育期也不同。

同一品种的植物，其习性可以因人工栽培而改变。改善植物的水、肥、光、温条件，也会促使植物早熟。他系统地提出了物候随高度、生物品种、纬度高低、人类生产活动的变化而变化的理论，在世界上也是首创。

沈括在《梦溪笔谈》中留下了历史上对指南针的最早记载。

他在书卷第二十四《杂志一》记载："方家以磁石磨针锋，则能指南，然常偏东，不全南也。"这是世界上关于地磁偏角的最早记载。他在《补笔谈》第三卷中《药议》一篇又记载："以磁石磨针锋，则锐处常指南，也有指北者，恐石性也不同。"

沈括在世界上最早经实验证明了磁针能指南，然常微偏东，记录了地理子午线和地磁子午线指示的方向并不完全一致，因而他是世界上最早发现并记录了地磁偏角的科学家之一。

沈括不仅记载了指南针的制作方法，而且通过实验研究，总结出了4种放置指南针的方法：把磁针横贯灯芯、架在碗沿或指甲上，以及用丝线悬挂起来。最后沈括指出使用丝线悬挂磁针的方法最好。

沈括是世界上最早记录了石油、并断言石油必大行于世的科学预言家。

有一次，沈括在书中读到"高奴县有洧水，可燃"这句话，觉得很奇怪，水怎么可能燃烧呢？他决定进行实地考察。

在考察中，他发现了一种褐色液体，当地人叫它"石漆""石脂"，用它烧火做饭、点灯和取暖。沈括弄清楚这种液体的性质和用途后，给它取

石油脑油

石漆

了一个新名字，叫"石油"。并动员老百姓推广使用，从而减少砍伐树木。

沈括在其著作《梦溪笔记》中记载"鄜、延境内有石油"，并且预言"此物后必大行于世"。沈括提出的"石油"这个名词便一直沿用至今天。多才多艺的伟大科学家沈括在地理科学上的贡献，也证明了他在许多方面攀登上了当时世界科学领域的最高峰。

延 伸 阅 读

沈括小的时候，有一次他读到白居易的诗句"人间四月芳菲尽，山寺桃花始盛开"，心中不解，专程上山感受了乍暖还寒的山上凉风，才茅塞顿开。原来山上的温度比山下低，因此花季才比山下晚。凭借着这种求索精神，长大后的沈括写出了《梦溪笔谈》。

寻源的奇书《山海经》

在我国古代的典籍中，《山海经》是一部具有独特风格的作品。《山海经》的意义在于从生产中总结出来的经验，从生产中获得的地理知识，也要应用于社会和国家的经济建设。

《山海经》中包含着我国古代地理、历史、神话、动植物等多方面的内容，是研究我国古代自然地理和人文地理的重要史料，被称为"探祖寻源的奇书"。

据史籍记载，黄帝时期，在北方大荒中，有一座大山，拔地而起，高与天齐。山上居住着夸父族，他们个个身材高大，力气超强。

不久，大地发生了严重的旱灾，太阳像个大火球，烤得大地龟裂，江湖干涸，一片荒凉。夸父族全体出动找水抗旱，但江湖干涸，无水可找。于是，勇敢的

夸父追日

夸父首领发誓要把太阳摘下来。

太阳见夸父真发火，也有点心慌，加快速度向西落去。夸父首领拔腿就追。太阳一面加快滑行，一面向夸父射出热量，想阻止他前进。但是，执著的夸父尽管汗如雨注，却不肯停步。

夸父瞬息间已追了万里，追至太阳落下的地方禺谷。太阳眼看无处可逃，就将所有的热量一齐向夸父射去。夸父一阵头晕目眩，眼前金星乱迸，口干舌焦，双手不觉软垂。

"不能倒下去！"夸父一面鼓励自己，一面俯身去饮黄河的水，想喝点水后再捉太阳。哪知他喝干了黄河，连支流渭水也喝干，还是感到口渴难忍。

倔强的夸父决心去喝大泽的水，再去和太阳较量。大泽又叫"瀚海"，是鸟雀们孳生幼儿和更换羽毛的地方。夸父刚走到大泽边，还没俯下身来，一阵头晕，"轰"的一声，像座大山似的倾倒了。

夸父遗憾地看着西沉的太阳，长叹一声，把手杖奋力向太阳抛去，闭上了眼睛。随即他的身躯立即化作夸父山。

第二天早晨，太阳神气活现地从东方再次升起，一想到夸父，也不由暗暗钦佩夸父的勇气。说也奇怪，经太阳光一照，夸父的手杖竟化成一片桃林，满树挂着硕大的果实。

夸父死了，他并没捉住太阳。可是天帝被他的牺牲、勇敢的英雄精神所感动，惩罚了太阳。从此，他的部族年年风调雨顺，万物兴盛。夸父的后代子孙居住在夸父山下，生儿育女，繁衍后代，生活非常幸福。

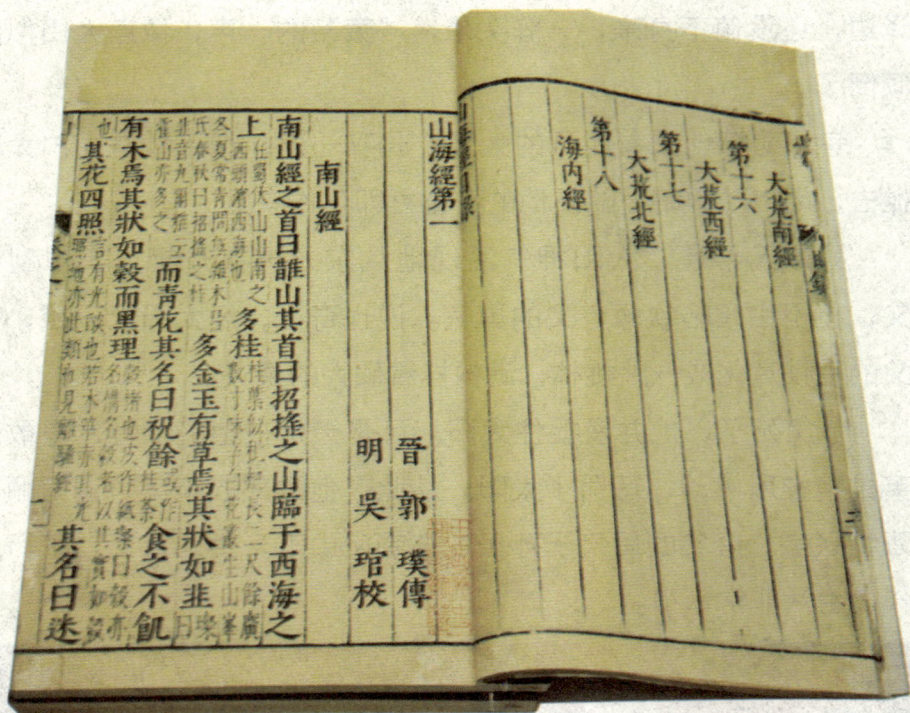

记载这个故事的史籍就是《山海经》，名为"夸父追日"。这是一篇很有教育意义的神话故事，表现了远古人们意志坚决，不畏艰难的勇气。同时，这个故事也包含了远古时期人们对大地的认识。

在现代人看来，大地是球形的，围绕着太阳运转，太阳根本不会落入地球，更何况向西迁移，不是被高山挡住，而是到了地球的另一边。

但对远古时期夸父族这样的一个内陆部族来说，大地是球形的，地球绕太阳运转以及我国西北部的地理状况，他们一无所知。他们最多可能从靠近黄海、渤海的部族那里知道东面就是大海，太阳从海中升起。至于西面的尽头，则是太阳落下的禺谷这个地方。其实，《山海经》中的很多记载，与其说它是一部神话故事集，不如说它记录着可以考实的地理知识。

《山海经》相传为唐虞时期大禹、伯益所作，包括《山经》5卷，《海经》8卷，《大荒经》5卷。此书从形式至内容都以叙述各地山川物产为主，这无疑是一部早期地理书。

《山海经》记载的山川比早些时候的《禹贡》更为丰富。它以神话的形式描述了我国历史上有记载最早的山川形胜的系统分类。比如其中的《五藏山经》以山为纲，分东、西、南、北、中5个山系，分叙时包含有很多地理知识。

《东山经》包括今山东省及苏皖北境的46座山，途径9430千米。《南山经》东起浙江省舟山群岛，西抵湖南西部，南抵广东省南海，包括今浙、赣、闽、粤、湘5省，大大小小总共40座，8290千米。《西山经》东起晋、陕间黄河，南起陕、甘秦岭山脉，北抵宁夏盐池西北，西北达新疆阿尔金山，总共77座山，

8756千米。《北山经》中记述的群山，位于今宁夏、新疆、山西、河南、河北、内蒙古等省区及蒙古国境内，其中近四分之一的山的具体位置可以确定。绵延11665千米。《中山经》主要描写晋南、陕中、豫西、河、渭、伊、洛地区的地理环境。总计天下名山共有2685座，分布在大地之东西南北中各方，一共32043千米。

　　每一山经的叙述大致都有一定的规律，山名、里程、植物、动物、水系、水生动物、矿产等是基本的内容。大量的古代山名、河名对今天历史地理的研究有重要价值。

　　《五藏山经》全文以方向与道里互为经纬，有条不紊。在叙述每列山岳时还记述山的位置、高度、走向、陡峭程度、形状、谷穴及其面积大小，并注意两山之间的相互关联，有的还涉及植被覆盖密度、雨雪情况等，显然已具备了山脉的初步概念。

《山海经》中的《海内经》和《海外经》，记载了沿海及四海的范围。《海内经》主要记海中和沿海边远地区，《海外经》记四海之外的国家和地域。

《海内经》和《海外经》的记载，反映了古人对世界的概念。在古人心目中，它们共同构成大陆，大陆的四周被海水包围着，四海之外又有陆地和国家，是荒远之地，就构成了世界。

《山海经》还记载和描述了一些自然地理现象。例如关于华

山的险峻，《山海经》记录为："太华之山，削成四方，其高五千仞，其广十里，鸟兽莫居。"如此果断地抓着华山最重要的特征，形象地反映出华山的地理面貌，堪称我国最早的山岳地理书。

《山海经》在叙述河流时，必言其发源与流向，还注意到河流的支流或流进支流的水系，包括某些水流的伏流和潜流的情况以及盐池、湖泊、井泉的记载。

比如关于河流季节变化，对教水记述："教山教水出焉。西流注于河，是永冬干而夏流，实唯干河。"

教水是一条注入黄河、冬干夏流的季节河。这些记载都是对自然界科学观察的结果，有一定的地理意义。

《山海经》记载众多的原始地理知识，比如南方的岩溶洞穴，北方河水季节性变化，不同气候带的地理景观与动植物分布的特点。《山海经》中已有四极的观念。四极又称为"四隅""四陬"，在古人心目中，世界是有极限的，可以测量的。这证明它保有较原始的地理认识。

《山海经》记载了多种植物的名称，并进行了一些植物形态的描述，其中有一部分可以和今天的植物对照出来。如：木本植物中的松、柏、桑、漆、榕、竹、樗、桢等；草本植物中的菅、杜衡、门冬、少辛等；果树中的桃、梨、李、杏、梅等。

另外，《山海经》还对植物的根、茎、枝、叶、花、果等进行了形态描述，这反映了当时植物学的知识已相当丰富。有一些植物还记录了药用功效，这样的药用植物记载，在植物地理及中药史上有一定意义。

《山海经》中还出现了动物名称，分别记录了不同种动物。这部分内容，历来就有不同的看法，因为这些名称，今天看来是稀奇古怪的，动物的形态描述也难于令人置信。而且往往见到这些动物时，据说会天下有大灾等。

但是，剔去那些荒诞的部分，就是我们熟悉的动物。它们不外乎是猿猴类、偶蹄类、狐犬类、虎豹类、鼠类、飞禽类等动物。出现较多的有麋、虎、豹、牛、鹿、羚羊、犀、兕、象、马等。

现在犀在我国已绝迹了。大象当时分布在中山、南山和西山区域，说明当时气候较今天暖湿。被现代人称为"沙漠之舟"的骆驼在《北山经》里出现过两次。《东山经》提到犰狳，是否与南美洲的犰狳相似，这些问题都值得研究。此外记载的动物还包括鱼类、蛇类、腹足类、两栖类等。这些动物及其分布区的记载，实际上也是珍贵的科学资料。

《山海经》中有大量的矿物记载：玉出现多次，非金属有垩、雄黄、文石、赭等10多种，金属有金、铁、银、赤金、赤铜、锡、赤锡等数十种。

在物质资源分布的篇幅中，对于矿产的记载尤其详细，提及矿物产地300余处，有用矿物达七八十种，并把它

们分成金、玉、石、土四类。这些都是珍贵的矿产地理资料。

《山海经》还注意到矿物的共生现象，并有据其硬度、颜色、光泽、透明度、构造、敲击声等识别矿物的方法。因此，《山海经》在矿物学分类上有突出贡献。

撰写《中国科学技术史》的英国李约瑟说："《山海经》是一个名副其实的宝库，我们可以从中得到许多古人是怎样认识矿物和药物之类物质的知识。"

总之，《山海经》记录了许多朴素的地理知识，包括山川、动植物、矿物种类及其分布等知识，在地理学发展史上有着不可忽视的价值。

延 伸 阅 读

据《山海经》记载：水神共工和火神祝融发动战争，共工战败，一怒之下，把头撞向不周山，造成天塌地陷。女娲目睹人类遭到奇祸，炼五色石补好苍天。但天有些向西北倾斜，因此太阳和众星辰都归向西方，又因为地向东南倾斜，所以一切江河都往那里汇流。

地理巨著《水经注》

《水经注》是南北朝时期北魏地理学家郦道元所著，详细介绍了我国境内诸多河流以及与这些河流相关的郡县、城市、物产、风俗、传说、历史等，是我国古代较完整的一部以记载河道水系为主的综合性地理著作。

《水经注》文笔雄健俊美，既是古代地理名著，又是优秀的文学作品，在我国长期历史发展进程中有过深远影响。

郦道元在任御史中尉时，有个叫丘念的人犯了死罪，他是汝南王的亲信，藏在王府中，郦道元硬是设计把他诱出王府捕获。

汝南王去求太后说情，郦道元顶住太后的压力，最终还是处死了丘念。

这件事表明郦道元为官刚正，疾恶如仇，而且不惧权贵，甚至是皇亲，敢于与恶势力进行斗争。

其实，郦道元之所以留名史册，倒并不是因为他在政治上的建树，而是他完成了一部重要的著作《水经注》。

郦道元酷爱读书，他读书范围很广，除了正统的经史子集外，其他方术、医卜、地理、天文类都无不喜读，尤其是文学方

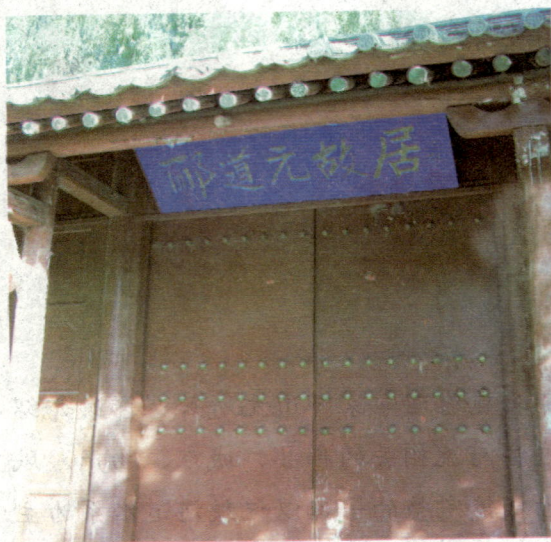

面的书。随着见闻的日益增多、知识的日益积累，他经常被一种创作的冲动所左右。

一天，他的一位朋友从南朝回来，给他带来了一本郭璞的《水经注》，他一看大喜过望，接连几天手不释卷。

郭璞是东晋时有名的文学家，《水经》由汉代桑钦所作，是我国古代第一部系统记述全国河流状况的书，文字简略，郭璞为这本书作了注。

郦道元自从有了这本书，总是带在身边，有空就翻阅。他似乎从这部书里领会了一些什么。

日有所思，夜有所梦。

一天夜里，郦道元梦见了郭璞，梦中郭璞对他说："我为《水经》作注时，正碰上天下大乱，北方的河流没法详细记录，很是遗憾。如你愿意为这本书重新作注，老朽愿以笔墨相助。"说完就不见了。

郦道元醒来，呆呆地想了很久。从此他的文采大有进步。

这当然都是古人的传说。但有一点却是真的，从此郦道元开始了《水经注》的撰写。

郦道元充分利用在各地做官的机会进行实地考察，足迹遍及今河北、河南、山东、山西、安徽、江苏、内蒙古等广大地区，调查当地的地理、历史和风土人情等，掌握了大量的第一手资料。

每到一个地方，他都要游览名胜古迹、山川河流。凡是他走到的地方，他都尽力收集当地有关的地理著作和地图，并根据图籍提供的情况，考查各地河流干道和支流的分布，以及河流流经地区的地理风貌。

他或跋涉郊野、寻访古迹、追溯河流的源头；或走访乡老采集民间歌谣、谚语、方言和传说，然后把自己的见闻，详细地记录下来。

同时，他还利用业余时间阅读了大量古代地理学著作，如《山海经》《禹贡》《汉书·地理志》《水经》等，日积月累，他掌握了许多有关各地地理情况的原始资料，为他的地理学研究和著述打下了基础。

郦道元通过把自己看到的地理现象同古代地理著作进行对照、比较，发现其中很多地理情况随着时间的流逝发生了很大变化。如果不及时把这些地理现象的变迁记录下来，后人就更难以弄明白历史上的地理变化。

郦道元认为，应该对此时的地理情况进行详细的考察，同时查阅古代文

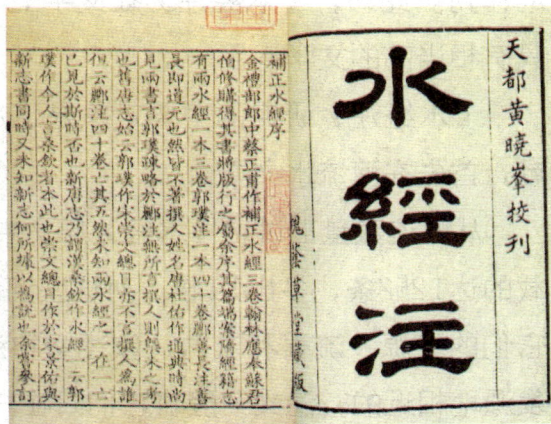

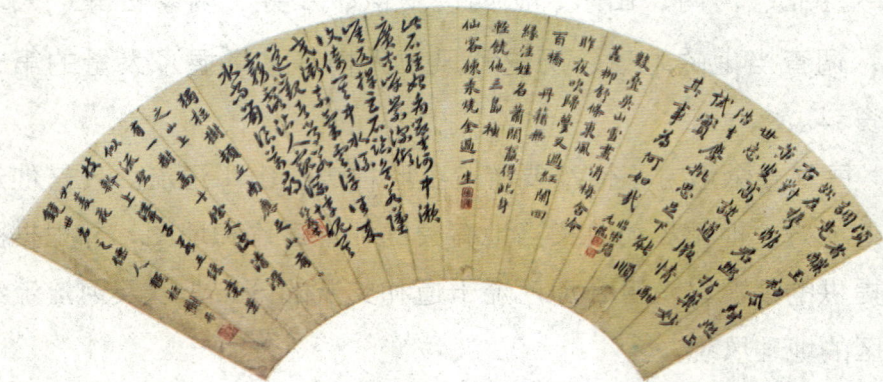

献，与古代的地理学著作相印证，将地理面貌的历史变迁尽可能详细、准确地记载下来。

为此，他决定以《水经》为蓝本，以作注的形式完成《水经注》这一地理学名著。

《水经注》归根到底是一部地理学著作，因此它的主要贡献还是在地理学方面。它是全方位介绍全国水资源的专书，是一部以河流为纲介绍全国的地理著作。同时，将野外考察与地理文献研究相结合，这对地理学理论和研究方法的成熟与完善有重大推动作用。此外，《水经注》在文字上十分生动，内容丰富多变，具有相当高的文学水平。

《水经注》研究的主要对象是河流，它在自然地理学上的贡献，首先在河流水文方面。

从河流数量上讲，《水经》原文中只列了137条，而注文中记载的达1252条，多出11倍。对这些河流，《水经注》大多记载了它们的发源、流程和流向，叙述紧扣河流的自然地理特点，对于发源地相近的，注文一般将它们归在一起记述。

如把发源于太行山东、南山麓的清水（今卫河）、沁水（今沁河）、淇水（今淇河）放在一处。对这3条小型河流，郦道元也很认真，分别叙述了各河源头的情况。

虽然这3条河发源地相近，但源头情况并不相同，清水源头处于一个地下水丰富的小盆地，沁水上源则由许多支流汇成，而淇水源地由于地形复杂，水源是由山间的一瀑布急流形成的。

类似的这些小河并不很有名，但郦道元却进行仔细研究、记载，对今天研究自然地理和河流水文的考察具有重要意义。

对于河流的整个流程中，《水经注》从河床宽度、瀑布、急流、峡谷等情况都有详细的叙述。比如对岷江上流的记载就很典型：

两山对开，其形如阙，谓之天彭门，亦曰天彭阙，江水自此已上微弱，所谓发源滥觞者也。

这是岷江最上游的情况。

接着注文分段叙述了流程情况：

自白马岭回行二十余里至龙涸，又八十里至蚕陵县，又南下六十里至石镜，又六十余里而至北部，始百余步。又西百二十余里至汶山故郡，乃广二百余步。又西南百八十里到湿坂，江稍大矣。

这样的注文，就把各个河段的长度和宽度交代得很明白。如果用这段珍贵的古代自然地理资料与现代的情况进行比较，那么这一河段在历史上的变化就可以了如指掌了。

峡谷险滩是河流流程中常见的，也是河川研究的对象，《水经注》对这方面的叙述也很丰富。如长江三峡、黄河上的龙门、洛水上的伊阙、湘江上的空冷峡等。

全书中记载的峡谷近300处，许多都叙述得绘声绘色，成为著名的散文名篇。比如郦道元的《三峡》就是其中之一：

自三峡七百里中，两岸连山，略无阙处；重岩叠嶂，隐天蔽日，自非亭午夜分，不见曦月。

至于夏水襄陵，沿溯阻绝。或王命急宣，有时朝发白帝，暮到江陵，其间千二百里，虽乘奔御风，不以疾也。

春冬之时，则素湍绿潭，回清倒影。绝巘多生怪柏，悬泉瀑布，飞漱其间。清荣峻茂，良多趣味。

每至晴初霜旦，林寒涧肃，常有高猿长啸，属引凄异，空谷传响，哀转久绝。故渔者歌写道："巴东三峡巫峡长，猿鸣三声泪沾裳！

　　这段文字是一篇著名的山水之作，作者以区区200字的篇幅，描写了三峡错落有致的自然风貌。文章虽短，但展示了祖国河山的雄伟奇丽、无限壮观的景象。

　　瀑布对河流水文研究也有重要价值。《水经注》共记有60余处，地理位置准确，还记载了不少瀑布的高度。关于瀑布的名称，《水经注》中有很多别称，如"飞波""飞清"等，这是《水经注》在语言文学方面的贡献。

　　对河流水文的其他要素，如含沙量、水位、流速、冰期等，《水经注》也有详细记载。

　　黄河的含沙量世界上罕见，《水经注》上说："河水浊，清澄一石水，六斗泥。"就是说，从河水中提一石水，其中有六斗都是泥沙，可见含沙量是相当大的。

　　我国北方河流冬季都有结冰期，《水经注》记载黄河"寒则冰厚数丈"，这就是冰层的厚度，还记载了黄河上几个可以采冰

的河段。

《水经注》除记载河流外，还记载了许多湖泊，据统计超过了500处。有大量的是淡水湖，如洞庭湖、彭蠡（即今鄱阳湖）；还有一些咸水湖，如蒲昌海，即今罗布泊、内蒙古西部的居延海。对这些湖泊的记载，在湖泊地貌、水文方面都提供了许多资料。

湖泊形成后，在地质循环和生物循环的过程中，总是在不断淤浅，甚至最后变成洼地，这种过程在地理上称为湖泊的沼泽化现象。

《水经注》就记载了田泽消失过程中的情况：

泽在中牟县西……东西四十许里，南北二十许里，中有沙冈，上下二十四浦，津流径通，渊潭相接，各有名焉……浦水盛则北注……

田泽是古代有名的大湖，在先秦的《诗经》中已有记载。但由于湖泊的沼泽化过程，到了郦道元著《水经注》的时候已经分化成了24个小湖，文中所谓"沙冈"，即湖底泥沙增多，湖水变浅的现象，是沼泽化的现象，唐宋以后田泽就完全消失了。

湖泊这种由大到小，由整体到分散的过程，具体说明了田泽的湮废过程，《水经注》的翔实记述为我们了解和研究湖泊沼泽化过程提供了很有价值的数据。

《水经注》中对地下水的记载也很丰富，共记述了泉水200多处，温泉38处，以及分布在各地的水井，对了解古代地下水位很有参考价值。

《水经注》对动植物地理也有许多记载。全书记载的植物达140余种，包括在我国常见的温带亚热带的森林，也有西北干旱地区的草原和荒漠植被，还记载了我国南方和现在中南半岛的热带森林自然景观。

《水经注》记载的动物有许多已在我国绝迹或在分布上有很大变化，使我们更便于研究古今动物地理分布的变迁。

如《水经注》中记载了一种称为"水虎"的动物，就是今天的扬子鳄，当时还可在现在的汉水中看到，可现在的扬子鳄只有在长江下游的少数地方有少量分布。扬子鳄分布地区呈现出逐渐退缩的状况，数量也大减，因此我们就更要保护它了。

《水经注》在人文地理学方面也有诸多记载。

郦道元很重视农业生产，而农业生产与水的关系极其紧密。《水经注》中处处体现着郦道元对农田水利的重视，对许多大型设施的记载都很详细。

在重视农业的同时，《水经注》也留下了对手工业介绍的珍贵资料。

书中记载手工业的门类比较齐备：采矿、冶金、纺织、造纸、食品等。还记载了能源矿物如石油、天然气、煤，金属矿物如金、银、铜、铁、锡等，非金属矿物如硫黄、盐、云母、石英等，对它们的分布和用途都有介绍。

在所有手工业中记载最多的是制盐业。古代盐是关系民生的大事，所以郦道元很重视。《水经注》中记有海盐、池盐、井

盐、岩盐等多种。

卷第三十三篇中记载了四川井盐的位置和数量，并说"粒大者方寸，中央隆起……有不成者，形亦必方，异于常盐矣。"可见四川井盐的质量是较高的。

卷第六篇《涑水注》记载了当地的池盐。池盐在今山西省西南的安邑一带。从先秦时代开始，这种池盐就行销中原广大地区，有的商人就靠贩运池盐发家致富。

郦道元是这样描述的：

今池水东西七十里，南北十七里，紫色澄，潭而不流。水出石盐，自然印成，朝取夕复，终无减损。

这里的产量相当稳定。而且提取方便，所谓"水出石盐，自然印成"，所以长盛不衰。

　　《水经注》的记载与其他史书的记载互相映照，不难看出，安邑池盐在中原地区占有重要的地位。《水经注》把汉代与北魏的盐池做了比较，这种资料是很珍贵的，对我们今天如何更好地利用盐池也有现实意义。

　　《水经注》对沿海盐场的分析和采制也记述得很普遍，卷第九篇记载了今渤海沿岸的盐场。全书共记盐矿、盐场20多处，包括了当时国内的著名盐产地。

　　在陆路交通并不很发达的古代，水运是很便捷的交通方式。《水经注》所记河道，大多都涉及航运。而峡谷、险滩就成为航道中的险段。

　　如卷四记黄河在砥柱山以下，"合有十九滩，水流迅急，势同三峡，破害舟船，自古所患。"卷第四十篇记浙江在寿昌，"建德八十里中有十二濑，皆峻险，行旅所难。"

　　《水经注》对陆路交通也同样重视，书中记载了当时许多国

际陆路通路：卷第一篇的葱岭、天竺道通向北印度、中亚地区；
卷第三篇的鸡鹿塞道通向漠北草原；卷第二十七篇的通关势为沟
道关中和汉中的要道；卷第三十六篇记述了现在云南省曲靖县境
内一段叫降的道路，"降贾子，左担七里。"

这里的商贩为走山路，要用左肩担走七里不能换肩。"左担
七里"，只四个字就把山路的险窄勾勒出来。

大量水陆交通道路必然形成许多道路交叉点，注文中相应出
现了大量的桥梁和津渡，共达200多处。《水经注》中出现的桥等
形式很多，有石拱桥、木桥、索桥、浮桥等。

比如卷第十九篇《渭水注》记载了宏大的秦渭桥：

秦始皇做离宫于谓水南北……南有长乐，北有咸阳宫，欲递
二宫之间，故造此桥，广六丈，南水三百八十步，六十八间，
七百五十柱，百二十二梁。

即使在今天看来，这也是一座大桥。

　　城市是人口集中居住区，郦道元自不会放过。全书共记县以上城市尽3000座，古都达180座，其中大部分在今天已经成为遗址。

　　郦道元对古都的记载最为详尽。卷第十六篇注文中竟用7000字的篇幅来详细描述当时北魏的都城洛阳。对古都长安、邺都也有详尽描述，其他的古都还有平城、成都等。

　　对这些历史名城的介绍，都结合史实，对宫殿、园苑、池台、巷市的遗址调查，详尽周到，读者从中不仅能增长地理知识，同时也能提高历史和考古知识，增长见识。

　　《水经注》还记载了国外的城市。卷第一篇记载了现今在印度、巴基斯坦等国境内的一些古都，如波罗奈城、王舍新城等。卷第三十六篇记载了古代林邑国的区粟城和典冲城，位于今越南中部，对其位置、形势、建筑规模等都描绘无遗。

郦道元没有到过国外的城市，上述记载都是从《林邑记》中抄录的。现在《林邑记》早已散失了，这段文字就成为孤本，是记载这两个城市的唯一古代材料，对研究越南古代历史有重要参考价值。

可见，《水经注》的价值已远远超过了地理学的范围。

郦道元生活在战争频发的年代，他虽反对不义之争，但并不是消极地反对。《水经注》中也保留了大量军事地理的资料。

郦道元常把在战争中发生重大作用的自然地理、人文地理要素，如河流、桥梁、道路、津渡等进行军事上的评价，这种做法在以前还不多见，对后代的军事地理学者有很大影响。

比如卷第三篇对战役的评价就是一例："山下有长城，连山刺天，其山中断，两岸双阙……自阙北入荒中，阙口有城，跨山结局，谓之高阙戍。自古迄今，常置重杆，以防塞道。"对有些战役的描写也很详尽，与战场的山川形势相系，有重要的军事地理价值。

《水经注》对地名学的贡献也很大。地名学是一门研究地名的学科，它研究地名的形成、发展变迁，以及地方命名的原则和得名的渊源。

在《水经注》以前的古地理书中已经出现了许多地名，但与《水经注》相比，那些书都不能望其项背。《水经注》中记载的地名据统计达20000处左右，这是前所未有的。

河流地名是各类地名中最多的，占全书地名的五分之一。江在古代指长江，河专指黄河，这是专称，后来都成为通称。北方河流后来多称"河"，而南方河流多称"江"，其他河流

称"水",人工开凿的河流又多称为"渠"。

《水经注》在记述名河名称时,还记了许多河流的旁名、别称。黄河的名称就不少,如"河水""河""大河""黄河""浊河"等。

《水经注》还担负着解释地名的工作,它解释的地名共达2400处。其内容非常丰富多彩,可谓洋洋大观。自《水经注》以后,地名渊源的研究分析,逐渐成为我国一切地理书中的必备内容。《水经注》的贡献尤为卓著,丰富了地名学的研究内容。

总之,《水经注》不仅是一部具有重大科学价值的地理巨著,而且也是一部颇具特色的山水游记。《水经注》是6世纪前我国第一部全面、系统的综合性地理著述。对于研究我国古代历史和地理具有重要的参考价值。

延 伸 阅 读

郦道元在写《水经注》时,对不少地理书中的错误也进行了纠正。比如《水经》原文讲有一条叫洌水的河流是在今朝鲜半岛上的河流,是西流入海的,但很多书记载为东流。郦道元访问当时的使者,最后求得实际证据,在《水经注》中纠正了原文中的错误。

《徐霞客游记》考证山

徐霞客一生几乎没有停止旅游，他详细记录途中所体写成的我国地理名著《徐霞客游记》，是地理学家和考可多得的研究材料。

《徐霞客游记》写有天台山、雁荡山、黄山、庐山等名山游记17篇和《游黄山日记》、《游庐山日记》等著作，主要是对旅行观察所得，对地理、水文、地质、植物等现象，均做详细记录，在地理学和文学上卓有成就。

徐霞客是明代地理学家、旅行家和探险家。幼年喜爱读历史、地理、探险和游记之类的书籍。这些书籍使他从小就热爱祖国的壮丽河山，立志要遍游名山大川。

徐霞客19岁时，父亲病故。3年服孝期满，徐霞客萌发了外出游历的想法。而贤德的母亲也认为好男儿志在四方，不愿自己的儿子像篱笆里圈着的小鸡，车辕上套着的小马一样，被束缚而没有见识和出息。

她对徐霞客的决定给予了极大的支持和鼓励。

徐霞客从22岁开始外出旅游，历经34年，直至生命结束为

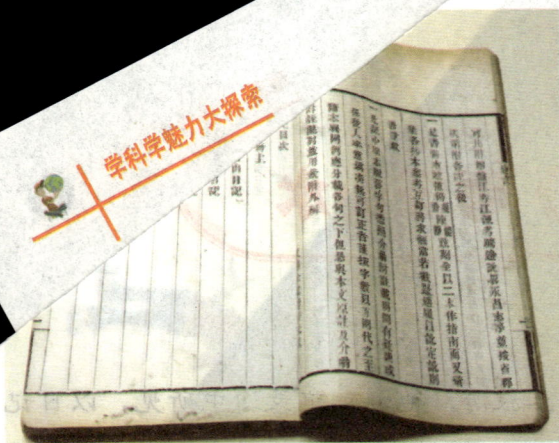

止。正是这些长期而丰富的经历，使他获得了宝贵的第一手材料，写成了我国著名的地理著作《徐霞客游记》。

他先后游历了华东、华北、中南、西南。包括今江苏、浙江、安徽、福建、山东、河北、山西、陕西、河南、江西、广东、广西、湖南、湖北、贵州、云南、北京、天津、上海等19个省市。踏遍了泰山、普陀山、天台山、雁荡山、九华山、黄山、武夷山、庐山、华山、武当山、罗浮山、盘山、五台山、阻山、衡山、九异山等名山。游尽太湖、岷江、黄河、富春、闽江、九鲤湖、钱塘江、潇水、湘水、郁江、黔江、黄果树瀑布、盘江、滇池、洱海等胜水。

在漫长的旅途当中，徐霞客为了考察得准确、细致，大都步行前进。披星戴月、风餐露宿，对于所遇的险阻，他都以顽强的斗志去克服，而且无论身体多么疲惫、条件多么恶劣，他都每天坚持写日记。

这些旅游日记记录了他的旅途经历、考察的情况以及心得体会，给后人留下了宝贵的地理材料。

徐霞客很重视标本的研究价值。他在武当山等地冒险采集了榔梅，在尚山采集了当地一种形似菊花的特产——金莲花，在五台山采集了天茶花等珍稀名贵植物，在玛瑙山上采集了"石树"，在蝴蝶泉边采集了花树的枝叶。

在云南腾越，徐霞客为了把一个岩洞看个明白，冒死攀登上悬崖；在湖南茶陵时，独闯传说中神秘的麻叶洞；在广西融县真仙岩，徐霞客为了探索一个岩洞，竟然从一条横卧的巨蟒身上跨过进到洞内。

徐霞客对科学研究有着无所畏惧的精神。他喜欢猎奇，可以说是"闻奇必探，见险必截"。

每遇到古洞、名刹、温泉、飞瀑、奇峰、深林、幽皇等奇异景观，他都把安危置之度外，只求一览"庐山真面目"。他在自己的记录中说："亘古人迹未到之处，不惜捐躯命，多方竭虑以赴之，期于必造其域，必穷其奥而后止。"

他还经常和鬼神迷信作斗争。云南地方上有一本《鸡山志

略》，书中记载了五台山、峨眉山和鸡足山等地的"放光瑞影"现象，这种五彩光圈通常被社会上认为是"佛光"或"宝光"。

徐霞客则从地形环境的角度，解释了出现这种自然现象的原因，驳斥了迂腐的迷信说教，这也表现了他的唯物主义自然观。

28岁那一年，徐霞客来到浙江温州攀登雁荡山。他想起古书上记载雁荡山山顶有个大湖，就决定爬到山顶去看看。

当他艰难地爬到山顶时，只见山脊笔直，简直无处下脚，怎么会有湖呢？但他仍不肯罢休，继续前行到一个大悬崖，路没有了。

他发现悬崖下面有个小小的平台，就用一条长长的布带子系在悬崖顶上的一块岩石上，抓住布带子悬空而下，到了小平台上才发现下面是百丈深渊，无法下去。他只好吃力地往上爬，准备爬回崖顶。

爬着爬着，带子断了，幸好他机敏地抓住了一块突出的岩石，不然就会掉下深渊，粉身碎骨。徐霞客把断了的带子接起来，又费力地向上攀援，终于爬上了崖顶。

还有一次，徐霞客去黄山考察，途中遇到大雪。当地人告诉他有些地方积雪有齐腰深，看不到登山的路，无法上去。但徐霞客不听劝阻，拄了一根铁杖探路。

上到半山腰，山势越来越陡。山坡背阴的地方最难攀登，路上结成坚冰，又陡又滑，脚踩上去，就滑下来。他就用铁杖在冰上凿坑。脚踩着坑一步一步地缓慢攀登，终于爬了上去。

山上的僧人看到他都十分惊奇，因为他们被大雪困在山上已经好几个月了。

徐霞客还走过福建武夷山的3条险径，这就是大王峰的百丈危梯、白云岩的千仞绝壁和接笋峰的"鸡胸""龙脊"，可谓处处险象横生，步步惊心！

1636年，徐霞客年届50岁。他立志考察西南地貌，跋涉"蛮荒"。便于这一年的农历九月十九深夜，辞别亲友，放足万里。同行的有静闻和尚和顾姓仆人。

静闻是江阴迎福寺僧人，曾刺血写成《法华经》一部，愿供于云南的鸡足山。

他们取道浙江，越江西、湖南、广西、贵州去云南。于1637年农历二月二十夜泊湘江新塘，同船还有其他几个客人。

这天夜里，静夜中有一女子的哭声从岸边传来，僧人静闻心不能忍，就下船去劝说那女子。等他回到船上不久，一群盗贼尾随杀了过来。

徐霞客由于长年履足山川大河，早已锻炼得身手敏捷。他见势不好，跃身跳入水中逃生。盗贼不仅抢劫，还用刀枪乱搠客人。他只身逃到远处的一条小舟上，被一个姓戴的客人搭救。

第二天，徐霞客找到静闻与仆人，仆人受了枪伤。后来他们才得知，同船的一位客人在这次劫难中死去，几天后尸体在河的下游找到。

徐霞客此时身无分文，便进城找到同乡金祥甫求助，就寄住在他家。

遭此一劫，徐霞客并未气馁，不曾放弃继续游历的志向。通过一些朋友的帮助，并以家乡20亩田租为代价，换来了重新上路的川资。

不久，静闻病死于广西南宁崇善寺。徐霞客背负静闻遗骨，与顾姓仆人分担行李，历时一年余，经贵州到达云南的鸡足山悉檀寺，供上了静闻刺血写成的《法华经》，替他完成了遗愿。

后来，徐霞客在僧人们的帮助下继续考察，主要活动于崇山峻岭。山中无粮，就吃野菜野果为生；无处投宿，就以山洞树林为家。

攀绝壁，涉洪流，探历100多个石灰岩溶洞，认真记载。由此，他成为世界上对这一带石灰岩地貌进行大规模考察，并做详细记录和深入研究的第一人。

接着，徐霞客又横穿云南，对金沙江、澜沧江、丽江等诸水流实地调查勘测，写成《溯江纪源考》和《盘江考》，详细论证长江和盘江的水源，肯定金沙江为长江上源，纠正了儒家经典《禹贡》以岷江为江源之谬。

此外，徐霞客还远抵云南边陲腾冲，对有地下热能表现的地区进行寻访。直至患了足疾，还应丽江知府木生白之请，在此驻留，共同编修《鸡足山志》4

卷，历3个月告成。

徐霞客经过30多年考察，最后撰成了60万字的《徐霞客游记》，开辟了地理学上系统观察自然、描述自然的新方向。这部作品是系统考察祖国地貌地质的地理名著，是描绘华夏风景资源的旅游巨篇，还是文字优美的文学佳作，在国内外具有深远的影响。

《徐霞客游记》在地理学上有以下4个方面的重要成就：

其一，徐霞客是我国和世界广泛考察喀斯特地貌的卓越先驱。喀斯特地区的类型分布和各地区间的差异，尤其是喀斯特洞穴的特征、类型及成因，有详细的考察和科学的记述。

仅在广西、贵州、云南，徐霞客亲自探查过的洞穴便有270多个，而且一般都有方向、高度、宽度和深度的具体记载。他初步论述这些洞穴成因，指出一些岩洞是水的机械侵蚀造成，钟乳石

是含钙质的水滴蒸发后逐渐凝聚而成等。

徐霞客关于喀斯特地貌的详细记述和探索，居于当时世界的先进水平。

其二，纠正了文献记载的关于我国水道源流的一些错误。如否定自《尚书·禹贡》以来流行1000多年的"岷山导江"旧说，肯定了金沙江是长江上源。

正确指出河岸弯曲或岩岸水流之处冲刷侵蚀厉害，河床坡度与侵蚀力的大小成正比等问题。对喷泉的发生和潜流作用的形成，也有科学的解释。

其三，观察记述了很多植物的生态品种，明确提出了地形、气温、风速对植物分布和开花早晚的各种影响。

其四，调查了云南腾冲打鹰山的火山遗迹，科学地记录与解释了火山喷发出来的红色浮石的质地及成因；对地热现象的详细描述在我国也是最早的。对所到之处的人文地理情况，包括各地的经济、交通、城镇聚落、少数民族和风土文物等，也作了不少精彩的记述。

值得一提的是，《徐霞客游记》在文学上也形成了自己的特点。写景记事，悉从真实中来，具有浓厚的生活实感；写景状物，力求精细，常运用动态描写或拟人手法，远较前人游记细致入微；词汇丰富，敏于创制，不落窠臼；寓情于景，情景交融，同时注意表现人的主观感觉；通过丰富的描绘手段，使游记表现出很高的艺术性，具有恒久的审美价值。

此外，作者在记游的同时，还常常兼及当时各地的居民生活、风俗人情、少数民族的聚落分布、土司之间的战争兼并等情事，多为正史稗官所不载，具有一定历史学、民族学价值。

《徐霞客游记》被后人誉为"世间真文字、大文字、奇文字"。

徐霞客在游历过程中曾经多次遭遇险境，这已经远远超越了游玩的境界，而是彻彻底底的探险、冒险了。他的这种执著被现代的旅行家们称为"徐霞客精神"，而徐霞客其人也成为那些富有冒险精神、探索精神的旅游爱好者们所推崇的对象。世人视徐霞客为"游圣"。

《徐霞客游记》是徐霞客的旅行探险杰作，对于地理学家是一份珍贵的地理科学报告，对普通读者而言，它更像是一本旅游指南，书中那一片片壮阔辽远的风景，一座座高峻雄伟的山峰，似乎正在催动人们渴望冒险的心，在攀登中获得乐趣，在探索中寻觅真知。

延 伸 阅 读

徐霞客的祖上曾修筑一座万卷楼来藏书，这给徐霞客博览群书创造了条件。但家里的藏书还不能满足他的需要，他还到处收集没有见到过的书籍。他只要看到好书，即使没带钱，也要脱掉身上的衣服去换书。博览群书，为他取得地理成就提供了丰富的养料。